Lehrbuch der Chorleitung

von

KURT THOMAS

Band I

Zwanzigste Auflage

BREITKOPF & HÄRTEL · WIESBADEN
1982

ISBN 3 7651 0040 4

Printed in Germany
Druck und Bindung: Clausen & Bosse, Leck

Vorwort zur zweiten Auflage

Die Tatsache, daß heute, kaum fünf Monate nach dem Erscheinen dieses Buches eine zweite Auflage notwendig wird, sowie die Art seines Widerhalls in der Fachpresse und ganz besonders die zahlreichen Zuschriften aus Kreisen junger lernender sowohl als hocherfahrener Chorleiter geben mir die erfreuliche Gewißheit, daß es in der vorliegenden Form gelungen ist, eine bestehende Lücke auszufüllen.

Bei der Neuauflage habe ich mich darauf beschränkt, in einem Nachtrag einige Erweiterungen hinzuzufügen. Im übrigen halte ich nach wie vor gerade die knappe Form, in die ich den gesamten Stoff zusammenzudrängen mich bemüht habe, für richtig, zumal ich ja die Gebiete, die ich als bekannt voraussetzen muß oder an Hand anderer Literatur nachzuarbeiten fordere, genügend gekennzeichnet habe. In dem neuen Anhang findet sich ein Verzeichnis einiger empfehlenswerter Schriften zur persönlichen Weiterbildung. Bewußt unberücksichtigt blieben die Gebiete, über welche die Anschauungen ganz verschieden und die Forschungen noch keineswegs abgeschlossen sind, so die Besetzungsfragen alter Chormusik, die ein eigenes Buch ausfüllen würden, oder die verschiedenen Aufstellungsmöglichkeiten des Chores in besonders gelagerten Fällen; ebenso wurde bei der Frage der Programmgestaltung auf deren Politisierung nicht eingegangen. Ich behalte mir aber durchaus vor, zu einem gegebenen Zeitpunkt, wenn alle diese Dinge einigermaßen geklärt erscheinen, neue Kapitel einzufügen. Im übrigen glaube ich, das notwendige Rüstzeug, welches der Chorleiter braucht, ziemlich lückenlos zusammengetragen zu haben. Auch halte ich immer noch die Beschränkung auf wenige schlagtechnische Übungsbeispiele für richtig, deren intensive und gründliche Erarbeitung — ich persönlich rechne im Unterricht bei Gruppen von etwa zehn Lernenden mit zwei bis drei Stunden für jedes Beispiel und verwende Wochen und Monate für die gemeinsamen Schlag- und Lockerungsübungen! — mir erzieherischer erscheint als eine weniger intensive Behandlung vieler Beispiele, zumal wohl alle schlagtechnischen Probleme in diesen wenigen Beispielen behandelt sind.

So übergebe ich die zweite Auflage der Öffentlichkeit mit dem Wunsche, daß es ihr vergönnt sein möge, in immer weitere Schichten vorzudringen und weiterzuhelfen an der Bildung und Weiterbildung unserer Chorleiter und damit an der Hebung der deutschen Chorkultur.

Berlin, im Februar 1936 — Der Verfasser

Vorwort zur dritten Auflage

Hiermit übergebe ich der Öffentlichkeit die dritte Auflage meines Lehrbuches, erweitert durch eine Anzahl von kleineren Zusätzen, Ausarbeitung der Anleitung zur Pflege der Handgelenksunterteilung, sowie Einfügung neuer Figuren und eines täglichen Gymnastikplanes für Chorleiter. Ferner sind die Zusätze aus dem Anhang der zweiten Auflage mit in den Text einbezogen worden.

Daß alle diese kleineren und größeren Änderungen, die einer völligen Umgestaltung gleichkommen, durchgeführt werden konnten, ermöglichte mir das weitgehende Verständnis und Entgegenkommen des Verlages, dem ich dafür von Herzen Dank weiß.

Möge nun auch dieser dritten Auflage eine große Zahl neuer Leser beschieden sein, vor allem aber in erhöhtem Maße solcher, die nicht nur die allgemeinen Kapitel mehr oder weniger flüchtig durchlesen und dann das Buch mehr oder weniger befriedigt aus der Hand legen, sondern die alle Übungsbeispiele wirklich durcharbeiten und so die gegebenen Anregungen fruchtbringend zu verwerten wissen!

Berlin, im März 1937

Kurt Thomas

Vorwort zur vierten Auflage

Hiermit übergebe ich die vierte durch einen Anhang erweiterte Auflage der Öffentlichkeit in dem Wunsch, daß sie auch in der augenblicklichen Kriegszeit, in der ihr Erscheinen notwendig wurde, weiteren Kreisen Anregung und Förderung bringen möge.

Frankfurt am Main, November 1939

Kurt Thomas
Leiter des Musischen Gymnasiums

Vorwort zur fünften Auflage

Nachdem die schon während des Krieges ständig wachsende Nachfrage nach einer Neuauflage des 1. Bandes meines „Lehrbuchs der Chorleitung“ infolge der Zeitumstände längere Jahre nicht befriedigt werden konnte, ist nunmehr zu meiner großen Freude der Zeitpunkt gekommen, der Öffentlichkeit wiederum eine Neuauflage übergeben zu können.

Alle Erfahrungen der letzten Jahre konnten mir im wesentlichen die Richtigkeit aller hier niedergelegten Anschauungen bestätigen, und auch die ständig wachsende Verwendung des Buches in Lehrgängen, in Kursen und in der Dirigentenerziehung vieler Hochschulen und Konservatorien scheinen mir einen weiteren Beweis hierfür zu erbringen.

So habe ich mich darauf beschränken können, eine größere Anzahl von Ergänzungen einzufügen und das Kapitel „Stimmbildung“ neu zu formulieren und wesentlich zu erweitern.

In einem gleichzeitig erscheinenden ganz neuen 3. Bande habe ich in den Kapiteln „Der Chorleiter als Orchesterdirigent“, „Besonderheiten des Knabenchors“ und „Über die Chorkomposition“ alle in den letzten Jahren gereiften Erkenntnisse in voller Ausführlichkeit behandelt, während der 2. Band neben zahlreichen Übungsbeispielen als wesentlichste Kapitel „Die Erarbeitung von Chorwerken mit dem Chor“, „Grundsätzliches über die Spannungen der musikalischen Linie“, „Das Rezitativ-Dirigieren und Begleiten von Solostimmen“ sowie eine „Hohe Schule der Schlagtechnik“ gebracht hatte.

Möge die vorliegende Neuauflage des 1. Bandes in Verbindung mit dem 2. und 3. Bande ihr Teil beitragen zu der nach dem Zusammenbruch so besonders notwendigen Wiederbelebung der Musikausübung.

Frankfurt am Main, November 1947

Kurt Thomas

Professor an der Nordwestdeutschen
Musikakademie Detmold

Vorwort zur siebenten Auflage

Die rasche Aufeinanderfolge der 5., 6. und 7. Auflage meines Lehrbuches beweist, daß die Chormusikpflege wieder neue Auftriebe erhalten hat, daß das Bedürfnis nach geschulten Chorleitern weiterhin im Wachsen begriffen ist, und daß es dem vorliegenden Werke vergönnt war, die hierzu erforderlichen Erkenntnisse in immer weiteren Kreisen durchzusetzen.

Die inzwischen erschienenen Werke über das gleiche Gebiet konnten — soweit sie mir bekannt sind — die von mir niedergelegten Erfahrungen in erfreulicher Weise bestätigen, wenngleich mir einige der dort aufgezeichneten Schlagfiguren den Erfahrungen der Praxis — insbesondere beim Hinzutreten von Instrumentengruppen oder Orchester — nicht voll gerecht zu werden scheinen.

Die vorliegende Neuauflage des 1. Bandes bringt nur einige geringfügige Verbesserungen im Text, Ergänzung der Schlagfiguren, sowie einen kurzen ergänzenden Anhang. Im übrigen konnte die bisherige Form getrost bestehen bleiben.

Einige neue und zum Teil noch im Reifen begriffene Erkenntnisse, die inzwischen in verschiedenen Aufsätzen im „Musikleben", im „Chor" und in der „Zeitschrift für Musik" gebracht worden sind, betreffen vorwiegend die brennenden Probleme der Verbindung von vokalem und instrumentalem Musizieren, Besetzungsfragen, Strichartenprobleme und ähnliches. Sie sollen eines Tages in Form eines 4. Bandes zusammengefaßt erscheinen, der dem schon vorhandenen 2. und 3. Band hinzugefügt werden und diesem Lehrbuch dazu verhelfen soll, ein möglichst lückenloses Kompendium aller Probleme zu werden, die den werdenden und fertigen Chorleiter und Dirigenten angehen.

Oktober 1950 Der Verfasser

Vorwort zur neunten Auflage

Die vorliegende neunte Auflage wurde wieder durch neue Erkenntnisse, Erweiterungen und Verbesserungen ergänzt; der Anhang der siebenten Auflage wurde in den Text hineinverarbeitet, neue Figuren wurden hinzugefügt und einige Beispiele ersetzt, so daß die vorliegende Ausgabe — eine Folge der ständig wachsenden Anforderungen und der neu erstandenen Probleme neuester Chormusik — einer völligen Neugestaltung gleichkommt.

Für die Ermöglichung dieser Umgestaltung gebührt dem Verlagshause besonderer Dank!

Detmold-Frankfurt im März 1952

Kurt Thomas

Vorwort zur 14. Auflage

Daß mein Lehrbuch bei seinem Erscheinen vor etwa 30 Jahren eine empfindliche Lücke ausfüllen würde, hatte ich erwartet! Daß aber all die Jahre hindurch die Nachfrage gleich stark geblieben ist — eine Folge der wachsenden Breitenwirkung des Chorsingens — erfüllt mich mit besonderer Freude.

Seit Erscheinen der 9. Auflage ist eine Reihe von Jahren vergangen. Inzwischen erschienen mehrere unveränderte Neuauflagen, bei denen auf ein neues Vorwort verzichtet werden konnte. Auch heute bedarf es nur weniger Hinweise. Eine Veränderung besteht lediglich in der verbesserten Neufassung der Bildtafel am Ende des Buches, während der gesamte Text auch diesmal unverändert bleiben konnte.

Hinzuzufügen ist lediglich, daß in der Zwischenzeit eine Reihe hervorragender Solistenchöre — besonders in Holland — entstanden sind, deren Leiter in hohem Maße die auf Seite 70—72 dargestellten Forderungen berücksichtigen und daher ausgezeichnete Leistungen auch auf dem a-cappella-Gebiet erzielen. Und auch die bestehenden Berufschöre, insbesondere beim Rundfunk, haben sich inzwischen in jeder Hinsicht erheblich verbessert.

Die auf Seite 4 erwähnten Fälle, daß Chöre von einem Fachmann einstudiert und dann in der Aufführung von einem Gastdirigenten geleitet werden, scheinen sich in der Zwischenzeit leider noch vermehrt zu haben. Im Rundfunk war dies immer schon der Normalfall. Dagegen ist nichts einzuwenden, wenn es sich um einen Berufschor handelt, und wenn der Gastdirigent dem „Korrepetitior" dieses Chores auch als Chorerzieher überlegen sein würde. Leider aber ist besonders das Letztere selten der Fall. So kann man oft Ergebnisse in Konzerten, am Rundfunk und bei der Schallplatte hören, die vom chorischen her wenig befriedigend sind und im stilistischen Bereich der Barock-Musik bedauerliche Entgleisungen enthalten. Wenn der Dirigent nicht hinreichend mit dem Material des Chores vertraut und nicht in den Proben allmählich hineingewachsen ist, kann er sich in den seltensten Fällen in den geistigen Gehalt eines Chorwerkes eingelebt haben.

Ideal also der Fall, daß Chorerzieher und Dirigent eine Personalunion bilden. Voraussetzung dazu, daß der Chorleiter mit dem Orchester souverän umzugehen versteht. Erfreulich, daß sich die Lage auf diesem Gebiet in wachsendem Maße bessert.

Beim Liebhaberchor aber bleibt das Gastdirigententum abzulehnen! Geistig-seelisch-technische Einheit bleiben Grundvoraussetzung für eine ideale Chorleistung und Werkgestaltung.

Detmold, Frühjahr 1965 Kurt Thomas

Inhaltsübersicht

VII. Kapitel (Fortsetzung) Seite

Vorbemerkung

Dieses Lehrbuch der Chorleitung soll dem angehenden Chorleiter die Wege seiner Ausbildung weisen helfen, für Chorleiterkurse ein praktischer Leitfaden sein und dem im Beruf stehenden Chorleiter neue Anregungen oder Bestätigung der ihm selbst Erfahrungstatsache gewordenen Anschauungen geben.

Aus der Praxis für die Praxis geschrieben, möchte es ein wirkliches „Lehrbuch" der Chorleitung sein, insbesondere auf dem Gebiete der Schlagtechnik, welches ganz besonders intensiver Pflege bedarf, und für das bislang noch kein eigentlich systematischer Lehrgang existiert.

Von den bestehenden, durchweg mehr ins Allgemeine gehenden Schriften über das Chordirigieren möchte ich auf folgende hinweisen:

Mayerhoff: Der Chordirigent (Breitkopf & Härtel 1922),

Volbach: Der Chormeister (Schott 1931), in welcher besonders die Behandlung der Stimmbildung Beachtung verdient, und

Werle-Ewens: Der Männerchordirigent (Kistner & Siegel 1932).*)

Die neue Chorbewegung, die in den Jahren nach 1918 von mehreren Seiten zugleich einsetzte — einmal durch die schon vor dem Kriege im Keim vorhandene Singbewegung in ihren verschiedenen Zweigen, dem Finkensteiner Bund, der Musikantengilde und der Lobeda-Bewegung, gleichzeitig aber durch die im Schaffen der zeitgenössischen Komponisten sich immer stärker bemerkbar machende Hinneigung zur Vokalmusik, die in den vergangenen Jahrhunderten mit ihrer Betonung des Instrumentalen völlig vernachlässigt worden war, und die dadurch gesteigerten Anforderungen an die Ausübung des Chorsingens, verlangen nach einer intensiven Schulung des Chorleiters. Und wenn meine Chorleiterschule ein weniges zur Weiterentwicklung dieser Chorbewegung beitragen und zu einer weiteren Steigerung der Chorleistungen helfen kann, so ist ihr Zweck erfüllt.

*) Seit 1945 neu: Wilh. Ehmann: „Die Chorführung" (Bärenreiter), Waldemar Klink: „Der Chormeister" (Schott).

Daß es in erster Linie nicht auf die Technik, sondern auf die „Gesinnung", oder wie man es vielfach nennt: „Einstellung" des Chorleiters und des Chores ankommt, versteht sich von selbst. Aber die meistens mehr oder weniger aus dem Gefühl eigener Mängel in dieser Hinsicht entstandene Ableugnung der Notwendigkeit handwerklichen Könnens würde zur Folge haben, daß diese Gesinnung nicht Gestalt gewinnen kann. Erst wo sie auf dem Boden einer gesunden könnensmäßigen Grundlage erwächst, kann die Gesinnung sich fruchtbringend auswirken.

Das gilt in gleicher Weise für das Chorsingen wie für die Volksmusikpflege. Eine „offene Singstunde" verlangt nach einem gründlichst durchgebildeten Leiter ebensosehr wie eine „Chorprobe". Und gerade die Volksmusikpflege, die den gesunden Boden für den Wiederaufbau des „Musiklebens" bilden muß, ist eine der notwendigsten Aufgaben unserer Zeit. Die Bedenken der „Fachmusiker" gegen offene Singstunden, einstimmiges Singen, ja gegen die Singbewegung überhaupt, scheinen mir häufig nur ein Ausdruck der Angst vor dem Dazulernenmüssen zu sein. Gewiß: die zeitweise vertretene Forderung, das einstimmige Singen solle an Stelle des Chorsingens treten, war nicht ernst zu nehmen; aber als Grundlage für eine neue Musikkultur kann es nicht entbehrt werden. Es kann als sicher gelten, daß zahllose Menschen durch die Pflege des Volksliedes und des einstimmigen Singens überhaupt erst wieder an die Musik herangebracht werden und späterhin, sei es als Singende, sei es als Hörende, die Werke der großen Meister aufnehmen werden, und daß diese Menschen durch ihr Verwachsensein mit dem deutschen Volksliede ein besseres und sichereres Organ dafür haben werden, was in der alten und neuen deutschen Chormusik echt und natürlich ist, und was „gemacht", künstlich oder konstruiert erscheint.

Daß gerade ich es unternehme, diese Schrift zu veröffentlichen, möchte ich durch folgende Gründe erklären:

Zum ersten habe ich mehrere Chöre verschiedenster Art längere oder kürzere Zeit hindurch geleitet; neben meiner 1928 gegründeten „Kantorei", die aus jungen Berufsmusikern, wenn auch zum weitaus größten Teil stimmlichen Laien besteht, habe ich mit musikalisch gänzlich unvorgebildeten Menschen — als Vorstufe zu meiner Kantorei —, mit Berufssängern — Berliner Funkchor —, mit „großen" Chören — in Vertretungen und Gastkonzerten — gearbeitet.

(Zusatz 1952: Inzwischen habe ich meine Erfahrungen durch 6jährige intensivste Knabenchor- und Orchesterarbeit im Musischen Gymnasium, sowie in zahlreichen Oratorienaufführungen mit dem

Cäcilien-Verein und der Kantorei der Dreikönigskirche in Frankfurt, dem Akademiechor und der Singakademie in Detmold noch wesentlich erweitern können.)

Zum zweiten war es mir vergönnt, auf vielen Singreisen in intensivster und engster Zusammenarbeit mit meinen Studierenden in manche tiefer gelegenen Probleme stimmbildnerischer und vor allem aussprachetechnischer Natur einzudringen.

Auch die vielen Reisen zu Aufführungen meiner Chorwerke, bei denen ich eine große Zahl deutscher Chöre und ihre Leiter kennenlernen durfte, haben mit dazu beigetragen, daß ich das Wagnis unternahm, mich über die Probleme der Chorleitung auszulassen.

Vor allem aber wurde es im Chordirigentenunterricht, den ich von 1928—1934 am Landeskonservatorium zu Leipzig, danach an der Staatlichen Akademischen Hochschule für Musik in Berlin, von 1939—1945 am Musischen Gymnasium Frankfurt, seit 1947 an der Nordwestdeutschen Musikakademie in Detmold, sowie in Chordirigenten-Fortbildungskursen gegeben habe, notwendig, den gesamten Stoff in ein „System" zu bringen, obwohl dies zunächst nicht ganz einfach schien, da ja gerade auf diesem Gebiete etwas Derartiges noch gar nicht existierte, was mir aber im Laufe der Jahre, wie ich hoffe, bis zu einem gewissen Grade gelungen ist.

Gerade im Unterricht wurde es notwendig, sich schlagtechnische Probleme, die der von Haus aus begabte und in der Praxis stehende Chorleiter unbewußt löst, bewußt zu machen, um die Erkenntnisse anderen mitteilen zu können. Durch dieses Bewußtmachen aber, — welches natürlich ein Wiederversenken der Dinge, wenn man sie einmal „kann", ins Unbewußte nach sich ziehen muß, wie beim Lernen eines Instrumentes und beim Erlernen einer Technik überhaupt —, lassen sich manche schlagtechnischen Probleme sicherer und zuverlässiger lösen.

Alle behandelten Probleme sind zunächst auf den a-cappella-Chor, gleiche oder gemischte Stimmen, eingerichtet, das feinste und empfindlichste Organ, welches dem Chorleiter zur Verfügung steht. Aber alles, was für den a-cappella-Chor gilt, hat auch für den großen, mit Orchester singenden Chor seine Gültigkeit, und man lasse sich nicht dadurch, daß das Orchester manche Schwächen zudeckt, verleiten, unsaubere Arbeit zu leisten.

Auch gelten die Grundlagen aller schlagtechnischen Gesetze der Chorleitung ebenso für das Orchesterdirigieren; das alte Vorurteil, der Chor brauche größere Bewegungen, ist durchaus unberechtigt. Jeder Chor läßt sich — Beherrschung des Stoffes durch den Chorleiter vorausgesetzt — auf ganz kleine Bewegungen erziehen, die dann den für das Orchester gültigen fast gleich sind, bestimmt aber nicht einfacher; beim Chore kommen mancherlei Schwierigkeiten hinzu, die dem Orchester fremd sind: — Aussprache, Intonation u. a. treten an die Stelle der technischen Probleme des Orchesters (siehe auch das entsprechende Kapitel im III. Bande).

Daß der Chorleiter in den vergangenen Jahrzehnten in vielen Kreisen nicht für voll angesehen wurde und der Orchesterdirigent durchaus der Angesehenere war, dürfte neben dem schon erwähnten Umstand, daß die jüngste Vergangenheit eine — heute allerdings überlebte — Epoche des Instrumentalen und des „Gesellschaftskonzertes" war, seinen Grund darin finden, daß ein spürbarer Mangel an Können in weiten Kreisen der Chorleiter bestand, der sich besonders deutlich fühlbar machte, wenn der Chorleiter vor ein Berufsorchester gestellt wurde, welches seine Schwächen sofort erkannte.

Ebenso aber, wie der Chorleiter sich mit den Besonderheiten der Orchestertechnik auseinandersetzen muß, bevor er in die Lage kommt, ein Orchester zu dirigieren, ist es eine Notwendigkeit, daß der Orchesterkapellmeister, wenn er gleichzeitig einen Chor leiten will, sich zuvor die Technik und die Besonderheiten der Chorleitung gründlichst aneignet. Der Fall, daß Orchesterdirigenten mit dem Chor rein gar nichts anzufangen wissen, und ihre Chorleistungen entsprechend ausfallen, ist leider immer noch sehr häufig. Der Zustand aber, daß der Chor von einem Fachmann eingeübt und dann einem anderen Dirigenten für die Aufführung zur Verfügung gestellt wird, ist alles andere als ein Idealfall, ebenso wie Vertretungen des Chorleiters in den Proben selten zu etwas Gutem führen. Ein Chor gehört in die Hand eines Erziehers und Leiters, der Chor ist ein Lebewesen mit einer lebendigen Seele — diese Seele sollte sein Führer sein, der mit seinem Chor untrennbar verbunden ist.

Der Einwand, daß ich hier gar zu viele Dinge in die Sphäre des Bewußtseins heraufhebe, würde mich ebensowenig treffen wie der, daß vieles von dem Gesagten mit Laienchören nicht zu erreichen sei! Die Erfahrung lehrt, daß man, wenn auch auf zum Teil verschiedenen Wegen, mit Laien, mit „Liebhabern" und mit Berufsmusikern oder gar -sängern gleich viel erreichen kann, wenn man nicht Zeit und Arbeit scheut — und wenn man den Stoff beherrscht. Wenige Sätze enthalten eine so unbedingte Wahrheit, wie der:

„Es gibt keine schlechten Chöre, — es gibt nur schlechte Chorleiter!"

I. Kapitel

Befähigung und Können des Chorleiters

Hier muß unterschieden werden zwischen der naturgegebenen, angeborenen Befähigung, die nicht erlernbar oder jedenfalls nur bis zu einem gewissen Grade steigerungsfähig ist, und dem durch intensives Studium zu bildenden Können und Wissen.

1. Die natürliche Befähigung

Zu der natürlichen Befähigung gehört in erster Linie eine gute und bildungsfähige Gehörsanlage. Daß ein absolutes Gehör nicht notwendige Voraussetzung ist, beweisen viele bedeutende Musiker der Vergangenheit und Gegenwart, denen das absolute Gehör, welches ja nicht das geringste mit musikalischen oder gar künstlerischen Fähigkeiten zu tun zu haben braucht, abgeht.

Häufig ist sogar erfahrungsgemäß das absolute Gehör ein Hindernis bei dem so oft notwendigen Transponieren der Werke alter Meister und im Falle des Detonierens des Chores, welches sich ja allerdings bei planmäßiger und zielbewußter Arbeit fast restlos beseitigen läßt.

Vor allem aber gibt es unter den häufigen absoluten Gehören nur ganz wenige, die wirklichen praktischen Wert haben, indem sie zur Verhütung des Detonierens brauchbar sind. Die meisten nämlich registrieren das Herunter- oder Heraufgehen der Stimmung erst dann, wenn die Vierteltongrenze bereits erreicht oder überschritten ist, praktisch gesehen: wenn es bereits zu spät ist, es zu verhüten.

Die Wenigen aber, denen ein so sicheres absolutes Gehör gegeben ist, daß sie schon das geringste Abweichen von der Normalstimmung zuverlässig registrieren, besitzen darin eine nicht zu unterschätzende Gabe zur Ausübung der Chorleitertätigkeit.

Jeder angehende Chorleiter aber bedarf eines vollkommen sicheren relativen Gehörs, welches er auf jede Art pflegen, insbesondere aber auf das Wahrnehmen kleiner und kleinster Unreinheiten hin üben muß, um den vielseitigen und großen Aufgaben auf diesem Gebiete gewachsen zu sein.

Eine weitere notwendige Voraussetzung ist die *Kraft der Suggestion*, die dem Chorleiter zur Verfügung stehen muß, ferner die Möglichkeit, vor einer Menge Menschen *frei zu sprechen*, dazu neben den rein künstlerischen Fähigkeiten ein großes *organisatorisches Geschick* und *psychologisches Feingefühl*. Gerade die Bedeutung des Organisationstalentes wird leicht unterschätzt. Jeder erfahrene Praktiker wird aber bestätigen können, daß ein ganz großer Teil der Dirigententätigkeit in organisatorischer Arbeit besteht. Je besser die äußere Vorbereitung getroffen wurde, umso freier und ungehinderter kann sich das Musizieren entfalten: 90% der Dirigententätigkeit besteht aus Organisation, die restlichen 10% aber müssen hundertprozentig sein!

Die wichtigste Voraussetzung aber ist eine angeborene *Ruhe* und *unbeirrbare Geduld*, — die nicht mit Temperamentlosigkeit verwechselt werden soll! Ein Chorleiter darf auch in den schwierigsten Situationen die Nerven nicht verlieren, die in den Chorübungen oft auf eine harte Probe gestellt werden; und ebensowenig bei den mancherlei organisatorischen Schwierigkeiten vor einer Aufführung. Die geringste Nervosität oder Unkonzentration überträgt sich unmittelbar auf den Chor. Ein ungeduldiges oder heftiges Wort sollte es in den Proben nicht geben. Kein Mensch kann singen, wenn man ihm die Lust und die Freudigkeit dazu raubt. Und gerade in *diesem* Punkte wird am meisten und verantwortungslosesten gesündigt.

2. Erlernbares Können und Wissen

Was aber kann und muß der Chorleiter an Können und Wissen erwerben? „Jeder Chorleiter muß ein guter Musiker, Sänger und Sprecher sein", sagt Eberhard *Schwickerath*, einer der Wenigen, die die Ausübung des deutschen Chorgesanges auch in der Zeit des Brachliegens vor ihrem Wiedererwachen nach 1918 in intensivster Weise gepflegt haben, in dem ausgezeichneten Nachwort zu seiner Neuausgabe der Wüllnerschen Chorschule (Ackermann-München).

Es ist eine unbedingte Voraussetzung, die man an einen Chorleiter stellen muß, daß er eine intensive *stimmliche Ausbildung* genossen hat. Daß es auf das *Material* seiner Stimme erst in zweiter Linie ankommt, ist klar; aber nur, wenn er selbst die Technik und den Ausdruck des Singens völlig beherrscht, wenn er seinen Sängern alles, jede Feinheit, jede Nuance, jedes schwierige Ansatz- und Ausspracheproblem einwandfrei vormachen kann, ist von seinem Chor ein gleiches zu verlangen. *Jeder Chor singt und spricht so wie sein Leiter!*

Unendlich wichtig ist für jeden Chorleiter, daß er selber viel und lange in gut geleiteten Chören mitsingt, möglichst auch dann noch, wenn er schon selbst als Chorleiter tätig ist. Neben dem wirklich Von-Grund-aus-Kennenlernen der Literatur lernt er die Psyche des Chores immer mehr verstehen, er sieht, wie dieses und jenes auf den Chor wirkt, kurz: er lernt die Perspektive kennen, aus der er selbst betrachtet wird. Ich darf einflechten, daß ich noch manches Jahr unter Karl Straubes Leitung im Gewandhauschore mitsang, währenddem ich schon Leiter meiner Kantorei war.

Des weiteren muß der Chorleiter musiktheoretisch völlig auf dem Laufenden sein; selbstverständlich, daß er Harmonielehre, Kontrapunkt und Formenlehre beherrschen muß. Er muß in der Musikgeschichte Bescheid wissen und vor allem die Entwicklung der Chorliteratur genauestens kennen, die verschiedenen Stilarten zu unterscheiden verstehen und die Aufführungspraxis aller Epochen sicher beherrschen. Vieles davon ist für den Leser dieses Buches als Voraussetzung gedacht, unter allen Umständen muß Fehlendes gleichzeitig nachgearbeitet werden (siehe S. 152).

Es ist wünschenswert, daß der Chorleiter Lateinisch und Italienisch versteht, er muß aber „nicht nur wissen, daß Deus — Gott, daß Sanctus — heilig, daß Miserere nobis — Erbarme dich unser heißt, sondern er muß in der alten Sprache denken und fühlen können", wie Schwickerath in dem genannten Aufsatz sagt.

Daß der Chorleiter ein oder mehrere Instrumente beherrschen und ein vollendeter Partiturspieler sein muß, versteht sich von selbst!

Eins der wesentlichsten und bisher am stärksten vernachlässigten Gebiete des Erlernbaren aber ist die Schlagtechnik, und diesem soll das nächste, ausführlichste Kapitel des Buches gewidmet sein.

II. Kapitel

Die Schlagtechnik

A. Allgemeine Bemerkungen

1. Die Bedeutung der Schlagtechnik

Die Schlagtechnik dient neben dem selbstverständlichen Zusammenhalten des Taktes dazu, alles in den Proben Besprochene und Erarbeitete im entscheidenden Augenblick dem Chor in Erinnerung zu rufen. Hieraus folgert, daß außer der Klarheit des metrischen Geschehens, dem *Einsätzegeben* und dem „*Führen*“ des Chores, der Ausdruck, die *Textgestaltung*, Hinweise auf *Intonationsschwierigkeiten* und manches andere in die Bewegung zu verlegen sind.

Trotz der Vielheit der Probleme müssen alle Bewegungen *einfach und klar* sein und sich auf das Notwendigste beschränken. Jeder Chor, auch der größte, läßt sich auf kleine Bewegungen erziehen. Der Dirigent wird am weitesten kommen, der alle zum Gestalten notwendigen Bewegungen ausführt, aber *keine Bewegung zu viel* macht. So *viel* Bewegungen wie *nötig*, aber so *wenige* wie *möglich*!

So viel Bewegungen wie nötig, aber so wenige wie möglich!

Das Gebiet der Schlagtechnik wird hier, eben da es im wesentlichen Sache des *Lernens* ist, einen verhältnismäßig großen Raum einnehmen müssen, zumal es von ungeheurer Wichtigkeit für den Chorleiter ist; denn mangelnde Schlagtechnik kann vieles in mühsamer Probenarbeit Geschaffene wieder zerstören. Nur eine „mit allen Wassern gewaschene“, allen Schwierigkeiten auch rhythmisch kompliziertester neuer Werke — und auch die Werke der *alten* Meister sind überreich an solchen Schwierigkeiten! — gewachsene Schlagtechnik kann alles in den Proben Erarbeitete unterstützen und auf die höchste Stufe der Vollendung führen.

2. Äußere Haltung

Die Haltung beim Dirigieren ist *nicht* als bloße Äußerlichkeit zu betrachten; *keine* Bewegung darf die Aufmerksamkeit des Chores und auch des Hörenden ablenken vom Wesentlichen: dem Kunstwerk. Das wird am besten erreicht durch ein Vermeiden aller häßlichen Körperbewegungen, ebenso aber durch Vermeiden aller „schönen“ und auf Zuschauer eingerichteten Bewegungen.

Die Stellung sei *ungezwungen*; eine natürliche Stellung der Füße dient dazu, alle unnötigen und häßlichen Bewegungen des Unterkörpers auszuschalten. Ein leichtes Vorsetzen jeweils eines Fußes wird der Lockerung förderlich sein („Standbein — Spielbein“!). Das Stehen mit gespreizten Beinen ist wegen seiner Starrheit und Häßlichkeit durchaus zu vermeiden, ebenso aber jede verkrampfte, die natürliche Beweglichkeit hemmende Haltung wie auch jede Verkrampfung oder Verzerrung des Gesichtes. Wirksame Spannung kann nur, wie beim Singen, auf dem Boden absoluter Lockerheit erwachsen, und daher werden wir beim Üben der Schlagtechnik immer wieder vom Gesichtspunkt der *Lockerheit* ausgehen müssen.

Die unbedingte Lockerheit und Gelöstheit ist nur zu erzielen, wenn kein Teil des Körpers unfrei, ungelöst und unelastisch ist. Daraus ergibt sich, daß *beide* Arme gleichmäßig stark an der Bewegung beteiligt sein müssen. Das theoretisch oft geforderte Dirigieren mit einer Hand wird tatsächlich praktisch von keinem Dirigenten ausgeführt. Selbstverständlich sollen sich nicht beide Arme symmetrisch bewegen. Solange aber Mangel an Technik ein vollendetes Einzelspiel beider Arme noch nicht zuläßt, ist es besser, mit beiden Armen das gleiche zu tun, als einen Arm unfrei herunterhängen zu lassen oder gar einzustützen. Denn dadurch wirkt die eine Körperseite wie abgestorben oder gelähmt; eine solche Bewegungsart aber kann sich niemals in einem gelösten und freien Singen auswirken.

Der Oberkörper soll zwar möglichst ruhig bleiben; leichte Drehungen beim Einsätzegeben und beim Hinüberwenden nach den verschiedenen Chorstimmen sind aber notwendig und dürfen nicht vom Kopf oder gar von den Augen allein ausgeführt werden, wenn sie nicht steif oder gar lächerlich wirken sollen. Auch das gelegentliche abwehrende Zurückgehen beim Abdämpfen, das leichte Vorneigen bei Steigerungen darf niemals von den Armen allein oder — bei steifem Unterkörper — aus der Hüfte heraus ausgeführt werden. Die Bewegungen, die natürlich so dezent und unaufdringlich wie möglich sein sollen, müssen elastisch von den Zehenspitzen her durch den ganzen Körper schwingen. Die Standbein-Spielbein-Stellung ist dazu eine große Hilfe. Frei soll der ganze Körper sein, frei die Kopfhaltung, frei, offen und überlegen der Blick; das Auge muß jederzeit überwachend, helfend und ermunternd mitwirken, frei von der Partitur, die der Dirigent auswendig beherrschen muß und sich höchstens durch gelegentliche Blicke in die Erinnerung rufen darf.

Frei und von der Schulter her locker müssen die Arme sein, locker, beweglich und leicht bis in die Fingerspitzen hinein die Hand, — locker und elastisch der ganze Körper.

Wie gesagt, die Schlagtechnik ist in hohem Maße erlernbar, wenn nicht gerade unüberwindbare körperliche Behinderungen oder Hemmungen dem entgegenstehen, die aber in ganz außerordentlich seltenen Fällen vorliegen. Vielmehr macht man, wie auf anderen Gebieten, so auch hier die Erfahrung, daß oft gerade solche Naturen, die mit einer gewissen Ungelöstheit an das Studium herangehen, durch geduldige Arbeit an der Auflockerung ihrer Bewegungsart und durch intensive Bekämpfung der vorhandenen Schwierigkeiten zu besonders starken Leistungen gelangen können, wie ja in allem der Kampf, den man gegen innere oder äußere Schwierigkeiten zu kämpfen gezwungen ist, Kräfte auslöst und stärkt.

Wie oft versagen zum Schluß die zunächst begabt Erscheinenden, denen alles in den Schoß fällt, und die nicht von vornherein gezwungen sind, an sich zu arbeiten. Schön und ideal, aber selten, wo einmal Begabung und Arbeitsintensität zusammenfallen!

3. Dirigieren ohne Taktstock

Im voraus sei gesagt: Nicht mit dem Taktschlagen ist es getan, sondern mit der restlosen Beherrschung des Taktschlagens beginnt überhaupt erst das Dirigieren, die Kunst, allen Ausdruck, jede sprachliche Nuance und manches andere in die Bewegung zu legen und durch sie auszudrücken. Um allen Ausdrucksmöglichkeiten des a-cappella-Dirigierens gerecht zu werden, müssen beide Hände frei sein, woraus sich dann natürlich die unbedingte Ablehnung eines Taktstockes als Folgerung ergibt.

Daß das Dirigieren mit „unbewaffneter" Hand unpräzis wirke, ist ein Vorurteil, welches sich auf mangelnde Kenntnis der Materie gründet. Man kann mit Taktstock unpräzis schlagen und ohne Taktstock äußerst präzis; es kommt nur darauf an, wer es macht und was der Betreffende gelernt hat. Es konnte oft beobachtet werden, wenn in Chorleiterfortbildungskursen, in denen am Anfang gelegentlich einige das Dirigieren ohne Taktstock ablehnten, am Ende — während des Kursus gab es natürlich keinen Taktstock! — der im Scherz gemachte Vorschlag, nun doch in der Praxis wieder zu dem altgewohnten Taktstock zu greifen, auf allgemeine und einstimmige Ablehnung stieß.

„Nie habe ich bei der a-cappella-Arbeit, auch nicht bei mehreren hundert Sängern, einen Taktstock benutzt. Man kann mit den Armen, Händen und Fingern vieles, auch Singmanieren, Bindungen, Konsonantenarbeit und schwere rhythmische Dinge deutlicher angeben, als mit dem Stock." So sagt Eberhard Schwickerath, der 1856, also in einer Generation Geborene, der eine solche, uns Jüngeren großenteils selbstverständlich gewordene Dirigiertechnik gänzlich fremd war. Man mag sich denken, wieviel Staub in „Fachkreisen", denen der Taktstock als ein nicht wegzudenkendes Handwerkszeug galt, diese Dirigierart aufgewirbelt hat. Aber seinen Chören wurde sie zur Selbstverständlichkeit, denn wer einmal die Ausdrucksmöglichkeiten beider Hände erlebt hat, sei es als Chorleiter oder -sänger, der wird nie wieder zurückkehren zu dem, den einen Arm zum toten Mechanismus erniedrigenden Taktstock.

Erst Jahrzehnte später fing die jüngere Generation an, Schwickeraths Beispiel zu folgen, welches überhaupt erst jetzt allgemein zur Selbstverständlichkeit geworden ist.

Auch beim Orchester beginnt sich — vor allem im Ausland, ganz allmählich aber auch bei uns — das Dirigieren ohne Taktstock

Bahn zu brechen. (Siehe auch den betreffenden Abschnitt im III. Band des vorliegenden Werkes.)

Selbst bei ganz großem Apparat mit Chor und Orchester bewährt sich die taktstocklose Direktion aufs allerbeste, und der Einwand, der Taktstock sei auf weite Entfernung besser sichtbar als die bloßen Hände, wird durch die Erfahrung widerlegt, daß tatsächlich gerade die Hände auf große Entfernung sichtbarer sind als der dünne Stab.

Allgemein wächst die Überzeugung, daß es nur eine Frage der Zeit ist, daß der Taktstock immer mehr abkommt, ohne daraus eine Kardinalfrage machen oder einen Streit der Meinungen hervorrufen zu wollen. Die Zeit wird hierin entscheiden.

Beim Lernen sollte man unter allen Umständen auf den Taktstock verzichten, um zu freien und gelösten Bewegungsformen zu gelangen. Es wäre leicht, sich seiner später wieder zu bedienen, wenn das Orchester hinzutritt, aber es ist schwer, wo nicht unmöglich, ohne Taktstock auszukommen, wenn man beim Lernen die Ausdrucksmöglichkeiten der rechten Hand von vornherein verloren und das lebendige Organ zu einem toten Mechanismus gemacht hat.

B. Die Einzelprobleme der Schlagtechnik

1. Die Bereitschaftsstellung

Was hat jedem Einsatz und seiner Vorbereitung vorauszugehen? Nennen wir es die „Bereitschaftsstellung", welche die Aufgabe hat, die Konzentration des Chores zu erzielen und Augenfühlung mit jedem einzelnen Chorsänger zu gewinnen, und die bereits den Charakter des folgenden Chorsatzes in sich tragen muß.

Ausgehend von einer gleichmäßigen Beschäftigung beider Arme müssen wir feststellen, daß die Normallage der natürlichen Bereitschaftsstellung sich da befindet, wo die Hände ruhen, wenn man die Oberarme in Schulterhöhe waagerecht nach vorn hebt und die Unterarme locker herabhängen läßt, also etwa in Brusthöhe, 10—30 cm vom Körper entfernt, je nach dem Spannungsgrad des folgenden Einsatzes.

Locker in den Schultern, die Ellbogen leicht seitlich vorgehoben, wird diese „Normallage", wie wir die Bereitschaftsstellung auch nennen wollen, das Zentrum sein, um das sich jede Bewegung dreht, und von wo aus man die Möglichkeit hat, nach allen Richtungen zu schlagen, nach oben, nach unten, seitlich, an den Körper heran und von ihm weg.

Das Ellbogengelenk soll etwa einen rechten Winkel bilden. Die über die Hände hinaus vorzustellenden Fortsetzungen des Unterarmes sollen einen Schnittpunkt ergeben, da sonst die Ausstrahlungen beider Arme und Hände nicht zusammenwirken und somit keine Spannungseinheit bilden, sondern nach verschiedenen Richtungen hin verströmen und das Aufkommen der letzten Konzentration erschweren würden. Um der lebendigen Wirkung willen sollte es auch vermieden werden, in der Bereitschaftsstellung beide Hände genau in der gleichen Höhe zu halten.

Je mehr man sich nachher beim Dirigieren in dieser Normallage bewegt und je weniger man die Grenzfälle äußerst gesteigerter — vorverlegter — und aufs äußerste verminderter — an den Körper herangenommener — Geste anwendet, um so stärker werden diese Abweichungen ihren Zweck erreichen.

Wie angedeutet, wird diese Bereitschaftsstellung eine verschiedene Spannung haben; gespannt und etwas weiter vom Körper weg (Tafel I) vor einem präzisen, heftigen, starken Einsatz; normal, locker ruhend (Tafel II) vor einem im Ausdruck und Stärkegrad mittleren Einsatz; leicht, gelöst, schon im voraus abdämpfend und ziemlich dicht am Körper (Tafel III) vor einem sehr leisen und im Ausdruck verhaltenen Beginn.

Die Höhe der Bereitschaftsstellung wird außerdem noch von der Taktzeit abhängig sein, in der die Vorbereitung des Einsatzes erfolgt. Führt die Vorbereitung nach unten, so liegen die Hände in der Bereitschaftsstellung naturgemäß etwas höher, geht sie nach innen, etwas weiter voneinander entfernt, geht sie nach oben, etwas tiefer usw.

Auch wird die Höhe der Normallage zu modifizieren sein nach der Aufstellung des Chores und des Dirigenten; steht der Dirigent sehr hoch, so wird sie etwas tiefer sein können als angegeben, steht er tief, so wird sie um der Sichtbarkeit willen ziemlich viel höher sein müssen.

Und endlich läßt auch die Körperbeschaffenheit und Größe des Chorleiters gewisse kleine Abweichungen von dem Gesagten zu oder macht sie sogar notwendig.

Abgesehen von den Modifikationen in der Lage der Hände wird der Ausdruck des folgenden Stückes auch Verschiedenheiten in der Handhaltung ergeben müssen. Gespannt wird die Hand am besten mit locker aufgesetztem Daumen und Zeigefinger sein, wobei die übrigen Finger leicht abgesetzt, — aber nicht übermäßig gespreizt — erscheinen (Tafel IVa und b). In ihrer natürlichen Lockerheitsstellung, aber nicht schlaff und nicht mit eingerollten Fingern, wird die Hand vor einem Einsatz mittleren Grades zu halten sein (Tafel Va und b), leicht abdämpfend, mit losem Nach-außen-drehen der Handfläche bei etwas mehr geöffneter Hand (Tafel VIa und b) vor zarten und verhaltenen Einsätzen. Bei allen diesen Abweichungen achte man jedoch stets darauf, daß die untere Daumenlinie eine geradlinige Fortsetzung der Unterarmlinie ist. Faustbildung ist wegen der damit verbundenen erdrückend brutalen Wirkung unmöglich. (Näheres über Handhaltung s. S. 29).

Die Dauer der Bereitschaftsstellung wird so lange währen, bis die Konzentration des Chores — und auch der Hörer — auf den Höhepunkt gelangt ist. In diesem Moment erfolgt die Vorbereitung des Einsatzes, aber auch nicht einen Augenblick später, damit die Konzentration nicht wieder absinkt, und man einen neuen Konzentrationshöhepunkt abwarten muß. Das richtige Abschätzen dieses „psychologischen Momentes“ bedarf einiger Erfahrung, die der mit sicherem Feingefühl Begabte aber unfehlbar erlangen kann.

2. Die Vorbereitungsbewegung

Ähnliche Probleme wie bei der Bereitschaftsstellung finden wir vor, wenn wir untersuchen, wie der Einsatz zu geben ist.

Entscheidend zum Einsatzgeben ist die vorbereitende Bewegung, in der das Zeitmaß festgelegt wird, und welche bereits Dynamik und Ausdruck des folgenden Werkes genau erkennen lassen muß. Gleichzeitig muß sie, unterstützt durch eigenes Einatmen, dem Chor nicht nur Atemgelegenheit geben, sondern ihn geradezu zum Atmen zwingen.

Von der Vorbereitung muß eine solche Deutlichkeit verlangt werden, daß im Augenblick des Einsatzes selbst die Bewegung aufhören dürfte, ohne daß der geringste Zweifel über das Zeitmaß möglich wäre.

Man unterscheidet zwei Arten der Vorbereitung, zunächst die Vorbereitung zu einem Einsatz, der genau auf einem Schlag der Hauptschlagart liegt,

und ferner die Vorbereitung eines Einsatzes, der zwischen zwei Werten der Hauptschlagart liegt.

Bei der erstgenannten Art wird genau der dem Einsatz vorausgehende Schlag als Vorbereitung dienen. Beginnt also ein im

$^4/_4$-Takt stehendes Stück auf dem Schlage „Vier“, so wird man mit dem dritten Viertel als Vorbereitung beginnen und auf „Vier“ den Einsatz geben. Steht das Stück im $^2/_2$-Takt und beginnt auf „Eins“, so wird die zweite Halbe des vorangehenden Taktes Vorbereitung sein, bei einem $^6/_8$-Takt, der auf „Fünf“ beginnt, ist das vierte Achtel Vorbereitung usw. Die Vorbereitung wird in allen Fällen aus oben genannten Gründen sehr deutlich sein müssen, der Vorbereitungsschlag braucht aber, auch wenn er auf schwerem Taktteil liegt, nicht groß zu sein.

Im zweiten Falle, wenn der Einsatz zwischen zwei Hauptschlägen erfolgt, muß der dem Einsatz vorangehende Hauptschlag präzis und überaus deutlich gegeben werden. Der Einsatz kommt dann entweder von selbst, oder wird durch den Blick, eine leichte Kopfbewegung oder, wenn es wegen besonders ruhigen Zeitmaßes als notwendig erscheint, durch eine Handgelenksunterteilung (s. S. 33 ff) unterstützt.

In keinem Falle darf aber der Vorbereitung irgendeine weitere Bewegung vorausgehen, — eine konsequenterweise zum uferlosen Vorbereiten führende „Vor-Vorbereitung“, die man mit „maikäfern“ bezeichnen könnte, da sie Ähnlichkeit mit den Pumpbewegungen des Maikäfers vor dem Abfliegen aufweist; die Vorbereitung muß aus der absoluten Ruhestellung, der Bereitschaftsstellung, hervorgehen. (Über die Behandlung des „Auftaktes“ im Orchester findet sich Näheres im III. Bande.)

3. Der Einsatz

Dem Vorbereitungsschlage folgt unmittelbar der Einsatz. Bis zu diesem Moment darf die Augenfühlung zwischen Leiter und Sängern niemals aussetzen. Da man ja aber bei Tutti-Einsätzen nicht gleichzeitig alle ansehen kann, verfährt man am besten so, daß man während der Bereitschaftsstellung die Fühlung mit dem ganzen Chor gewinnt, während der Vorbereitung den Blick auf die eine Gruppe und im Augenblick des Einsatzes selbst auf die andere Gruppe wendet. Bei polyphon einsetzenden Werken wendet man sich naturgemäß nur der zuerst einsetzenden Stimme zu. Dinge, die man mit der Zeit ganz von selbst richtig macht, die man sich aber im Anfang ganz ruhig einmal bewußt machen sollte.

4. Die Taktarten

Hier soll das Grundsätzliche über die Taktarten und die Darstellung der Schlagfiguren Platz finden.

Das *Gemeinsame* aller Taktschlagbewegungen ist die naturgewachsene Tatsache, daß der erste, *schwerste* Schlag jeden Taktes nach *unten* führt, dem natürlichen Gesetz der Schwere folgend, und daß der *zweitschwerste* Schlag — die „Zwei“ des $^3/_4$ oder $^3/_2$-Taktes, die „Drei“ des $^4/_8$-, $^4/_4$- oder $^4/_2$-Taktes, die „Vier“ des $^6/_8$-, $^6/_4$- oder $^6/_2$-Taktes — stets nach *außen* führt, weil er dort deutlich sichtbar ist.

Die folgenden Schlagfiguren bringen den genauen Verlauf der Bewegung zum Ausdruck, wobei man sieht, daß *jeder* Schlag neben seiner Hauptrichtung einen kleinen Schwung nach unten in sich tragen muß. Jeder Schlag hat seine Gültigkeit da, wo er sich in der Figur verdichtet. An dieser Stelle hat er seine größte Geschwindigkeit und Energie, während die jedem Schlag folgende Kurve eine federnde *Auslösung* des Schlages darstellt, die gleichzeitig von neuem ausholt und zum Ausgangsort der *nächsten* Bewegung führt.

Man achte von vornherein streng darauf, jeden einzelnen Schlag möglichst *senkrecht* von oben auf seinen Gültigkeitspunkt hin fallen zu lassen. Man denke sich — wie es auch in den Figuren annähernd der Fall ist — drei Schlagebenen: eine ganz tiefe für die jeweilige „*Eins*“, eine *mittlere* für alle weiteren Schläge mit Ausnahme des *letzten* Taktteiles, dessen Schlagebene am *höchsten* liegen muß. Der Gültigkeitspunkt entsteht durch Anschlag auf einer dieser Ebenen und federt von dort zurück.

Fig. 1.

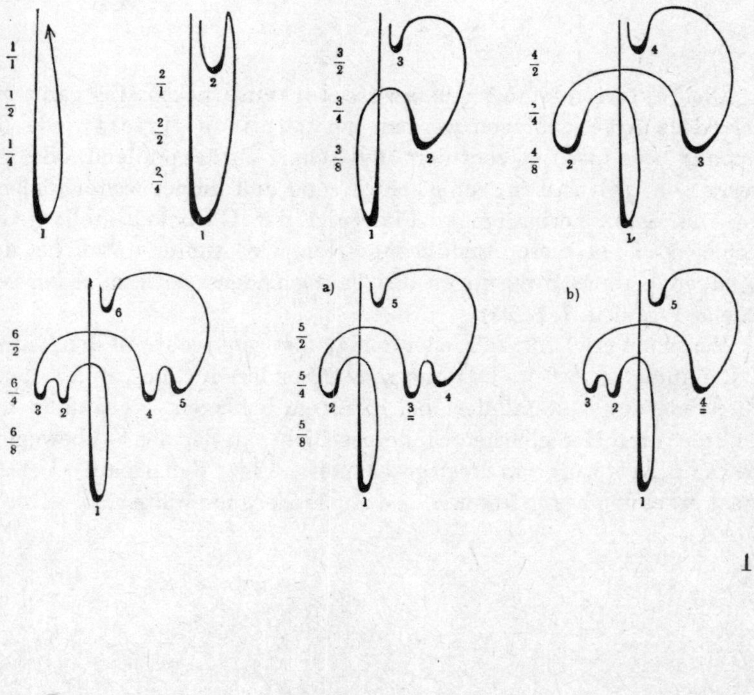

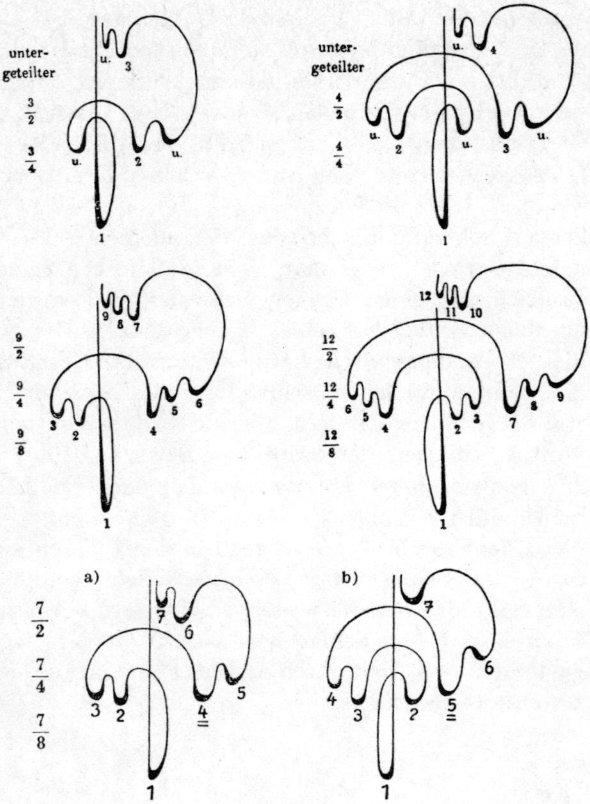

Alle Taktarten können auf *zweierlei* ausdrucksmäßig ganz verschiedene Art geschlagen werden: *rhythmisch-fixiert*, jede Bewegung sehr rasch, akzentuiert und scharf zurückprallend, oder *gesanglich-gebunden*, ruhig schwingend und immer weiter fließend mit nur ganz geringfügiger Fixierung der Gültigkeitsstelle jeden Schlages. Über diese Ausführungsarten wird weiter unten bei den genauen Übungsanweisungen des Taktschlagens noch zu reden sein (Siehe Fig. 6 u. 7, S. 25).

Wie schon erwähnt, soll jeder Schlag fast senkrecht auf den Gültigkeitspunkt hin fallen. Das gilt ganz besonders für die ,,Eins", deren Rückfederung — zumindest bei fixiertem Schlagen — ebenfalls fast senkrecht auf der gleichen Stelle geschieht, an der die Fallbewegung geschah. Dies würde in einer gezeichneten Figur den genauen Verlauf nicht erkennen lassen können. Die Rückfederung mußte also — wie es später bei den schwingenden Figuren (Fig. 7, S. 25) in stärkerem Maße der Fall ist — neben der Fallbewegung erscheinen. Hierbei wurde bewußt so vorgegangen, daß die Rückfederung nicht schon in die Richtung des folgenden zweiten Schlages geführt wurde, sondern in die entgegengesetzte Richtung, also bei allen Taktarten außer dem Dreiertakt ein wenig nach außen:

Zu Fig. 1

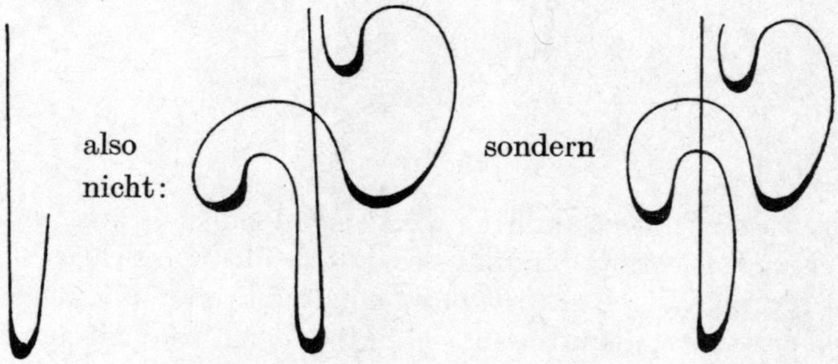

Dadurch wird der folgende Schlag der neuen Richtung umso deutlicher, während im anderen Falle die Richtung des folgenden Schlages schon vorweggenommen würde.

Nach völliger Beherrschung und Übung obiger Taktschlagarten, gemäß der Angaben auf S. 23 ff. müssen dann noch folgende Figuren geübt werden, die häufig Anwendung finden können in dreigeteilten Taktarten ($^3/_2$, $^3/_4$, $^3/_8$, $^6/_2$, $^6/_4$, $^6/_8$, $^9/_8$, $^{12}/_8$) in einem Zeitmaß, in dem das Ausschlagen jeder Taktzeit zu unruhig, das bloße Angeben jedes ersten von je drei Schlägen aber nicht präzise genug sein würde. Solche Beispiele finden sich häufig; man denke nur an die $^{12}/_8$-Takte im Eingangschor von J. S. Bachs Matthäuspassion oder in der Hirtensinfonie seines Weihnachtsoratoriums.

In diesen Fällen wird ausnahmsweise die Rückfederung der „Eins" jeder Dreiergruppe nicht unmittelbar ausgeführt, sondern es entsteht im Tiefpunkt der Bewegung ein Haltepunkt. Danach erst tritt die Rückfederung nach Punkt „Zwei" ein, die im Augenblick der Gültigkeit der „Zwei" dort angelangt sein muß. Dort entsteht abermals ein Halt, worauf dann die „Drei" in der gewohnten Weise mit unmittelbarer Rückfederung ausgeschlagen wird.

In den folgenden Figuren bedeutet die o jedesmal einen Haltepunkt, die Verdickung der Linie wieder den Gültigkeitspunkt der schwingenden Schläge.

Die Figur hat beim $^3/_2$-, $^3/_4$- und $^3/_8$-Takt folgende „Tüten"form:

Fig. 2 a)

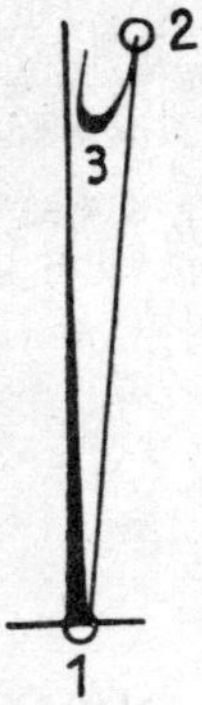

(Der wagerechte Strich bedeutet jeweils den Widerstandspunkt, die o den Stillstand)

In den folgenden Taktarten wird obige Figur in etwas veränderter Form und Richtungsführung des jeweils dritten Schlages in jede Dreiergruppe des Gesamttaktes eingebaut, wodurch folgende Figuren entstehen, die in ihrem Gesamtbewegungszug mit den Zweier-, Dreier- und Vierer-Taktfiguren übereinstimmen.

Fig. 2

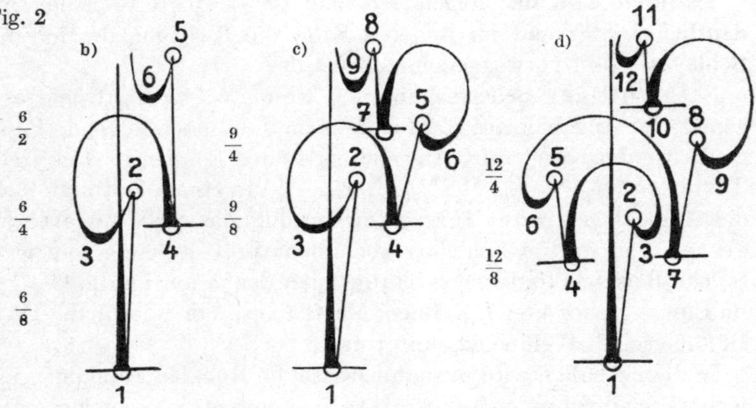

Der Bewegungsverlauf aller dieser Figuren wird am besten so gedacht werden, als ob beim Herunterschlagen der Haupttaktteile ein starker Widerstand zu überwinden sei, etwa der Art, als müsse man eine stark gespannte Spiralfeder auseinanderziehen, d. h. also durch eine dem Gesetz der Schwere entgegengesetzte Vorstellung. Die Abwärtsbewegung wird demnach mit starker Anspannung der Gesamtmuskulatur, verstärkt durch Mitgehen des Körpers in ziehender Bewegungsart geschehen müssen. Im Gültigkeitspunkt verharre man mit angespannter Muskulatur *so*, als wolle man die Bewegung noch tiefer ziehen, werde aber durch unüberwindlichen Widerstand der gedachten Spiralen daran gehindert. Unmittelbar vor der „Zwei“ (bzw. „Fünf“, „Acht“, „Elf“) lasse man los, so daß die vorgestellte Spiralfeder den Schlag blitzartig in den *oberen* Haltepunkt emporreißt so daß die Hände unmittelbar auf „Zwei“ oben zum Stillstand kommen. Über die Anwendung dieser Schlagart siehe auch Band II, 5. Auflage, Kapitel III, C. Weitere Figuren für besonders komplizierte neue Musik finden sich ebenfalls dort, Kapitel III, E.

5. Das Abschlagen

Die eigentliche Problematik des Abschlagens beginnt erst bei der *Fermate*; denn bei einem Abschluß oder einer Zäsur *ohne* Fermate wird das Abschlagen genau so ausgeführt, wie jeder andere Schlag. Bei der *Fermate*, dem sinngemäßen Aushalten eines Tones, — siehe auch die Ausführungen im Kapitel I, 3 („Natürlichkeit der Zeitmaße“) der fünften und folgenden Auflagen des II. Bandes — häufen sich im Vergleich zum Orchesterdirigieren die Möglichkeiten durch die Probleme der Aussprache. Ihre praktische Bewältigung wollen wir im folgenden untersuchen. Daß eine Fermate erst da beginnen kann, wo *alle* Stimmen in ihr zur Ruhe gelangt sind, bedarf der Erwähnung, da manche Komponisten allzu sorglos in ihrer Notierungsweise vorgehen und die Fermate in den verschiedenen Stimmen an verschiedene Stellen setzen.

Wichtig bei jedem Fermatenabschluß ist zunächst, daß der Augenblick, in dem geschlossen werden soll, *aufs genaueste* gekennzeichnet wird. Es muß also ein deutlich sichtbarer Schlußpunkt für die Bewegung festgelegt werden, den am besten die *Normallage* darstellt. Denn *tiefer* gelegene Punkte sind nicht für alle Sänger deutlich genug sichtbar, ein zu *hoch* gelegener Punkt ist wiederum aus ästhetischen Gründen nicht zu empfehlen.

Ein *Unding* ist das Abschlagen nach unten *ohne Rückfederung* (Fig. 3a); ein „t“ etwa läßt sich auf diese Weise niemals genau zu-

Fig. 3 (falsch!)

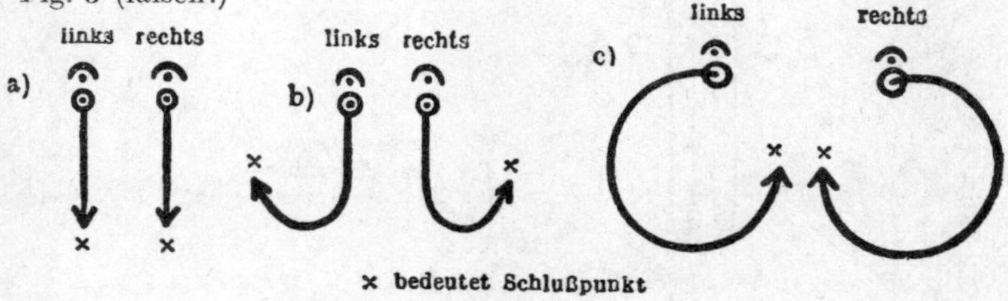

× bedeutet Schlußpunkt

sammenbringen. Ebenso unzweckmäßig ist das vielgeübte kreis- oder bogenförmige Abschlagen (Fig. 3b u. c). Da ein Kreis weder Anfang noch Ende hat, sich demnach der Endpunkt der Bewegung nicht voraussehen läßt, so ist diese Art zum Erzielen eines exakten Abschlusses gleichfalls unbrauchbar. So häufig, wie diese Arten des Abschlagens ausgeübt werden, so selten findet man Chöre, die ein Schluß-t tatsächlich als Einheit erscheinen lassen! Die Umstellung zu der unten angegebenen, deutlichsten Art fällt zunächst nicht leicht; aber in Chorleiterfortbildungskursen wurde sie stets nach anfänglicher vereinzelter Skepsis einstimmig angenommen, nachdem sie genügend geübt worden war.

Diese erprobtermaßen beste Art des Abschlagens vollzieht sich auf folgende Weise. Zunächst einmal die Fermate selbst! Der Schlag auf dem Taktteil, der die Fermate trägt, wird zunächst genau so ausgeführt, als ob keine Fermate dastünde, und federt in die Normallage zurück. Von da aus empfiehlt sich, sowohl in der Chor- wie in der Orchesterpraxis, ein auf die ganze Dauer der Fermate ausgedehntes und klug abgewogenes Anheben der einen Hand oder auch beider Hände bis zu dem Punkte, von dem aus abgeschlagen wird. Dieses Anheben hat mehrere Vorteile. Zum ersten verhindert es in hohem Maße das Detonieren oder Matterwerden des Tones, — wenn ein Abebben notwendig ist, läßt es sich leicht durch die in Tafel III gezeigte abdämpfende Handhaltung erzielen. Zum zweiten aber schafft es mehr Raum für den Abschlag.

Von dem höchsten Punkte aus, dessen Höhe von der Kraft des Schlußakkordes abhängt, im allgemeinen aber kaum über Stirnhöhe liegen sollte, wird die Abschlagsbewegung — nach kurzer vorbereitender Verstärkung des Anhebens — rasch nach unten geführt, von wo sie unmittelbar in die Normallage zurückfedert, in einen Punkt also, der — da er während des Dirigierens Zentrum aller Bewegungen war, — für jeden Musizierenden ein fester Begriff ist.

Fig. 4

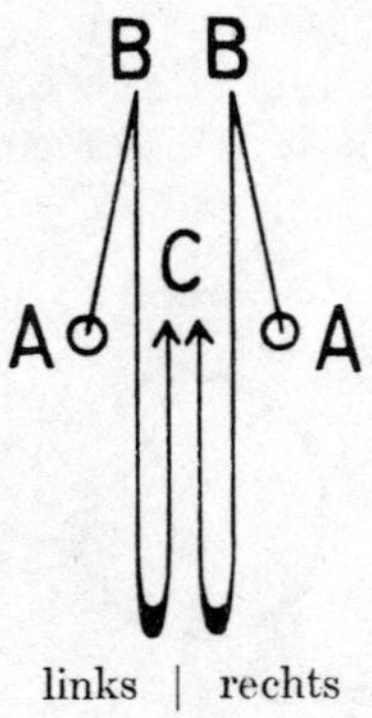

A = Fermatenbeginn
B = Fermatenschluß
C = Ziel der Bewegung und Schlußpunkt für das „t“.

Für scharfe Abschläge empfiehlt sich eine fast senkrechte Abwärtsbewegung und ebenso senkrechte Rückfederung in die Normallage, die sich jedoch figürlich nicht darstellen läßt, weil sich in der Zeichnung die Rückfederung mit dem Schlag selbst decken würde.

Die Geschwindigkeit des Abschlagens und seiner Rückfederung sowie die Größe der Bewegung hängt naturgemäß wieder von der Intensität des Schlußakkordes ab, aber auch von dem Schlußkonsonanten.

Jeder harte Konsonant am Ende muß in der Bewegung deutlich erkennbar sein, und zwar so, daß der Sänger sich auf ihn vorbereiten kann. Dieses Vorbereiten geschieht im Augenblick des Niederschlages, während in dem vom Chor im voraus berechenbaren Schlußpunkt in der Normallage das — sagen wir — „t" haarscharf zusammenkommt.

Das unleidliche, aber allzuoft zu hörende Auseinanderklappen der t's oder der Zustand, daß es voller Angst ganz vermieden wird, so daß konsequenterweise ein eigens dazu angestellter „T-Sager" vorhanden sein müßte, was es tatsächlich geben soll, — all das läßt sich durch deutliches Schlagen restlos vermeiden. Jede weitere zusätzliche Bewegung kann nur von Schaden sein, da sie die Klarheit beeinträchtigen oder aber die harten Schlußkonsonanten aus dem Zusammenhang lösen und isolieren würde.

Ähnlich wird man bei Vokalschlüssen verfahren, während klingende Konsonanten Zeit brauchen, um zum Klang zu kommen, vor allem im Anschluß an lange, verhallende Fermaten. Hier wird man den Abschlag weicher und ruhiger, mit fallendem Handgelenk (im tiefsten Punkt wie in Tafel VIIb) ausführen, um dem Klinger Zeit zu lassen. Das Handgelenk muß jedoch im Endpunkt der Bewegung wieder seine Normalstellung erreicht haben (Tafel VIIa).

Ein besonderes Problem entsteht, wenn der Abschluß aus Klinger und Nichtklinger besteht (— end, sanft, hält, sinkt, halb). In solchen Fällen kann Figur 5 eine Hilfe bedeuten, die aus zwei ineinander-

Fig. 5

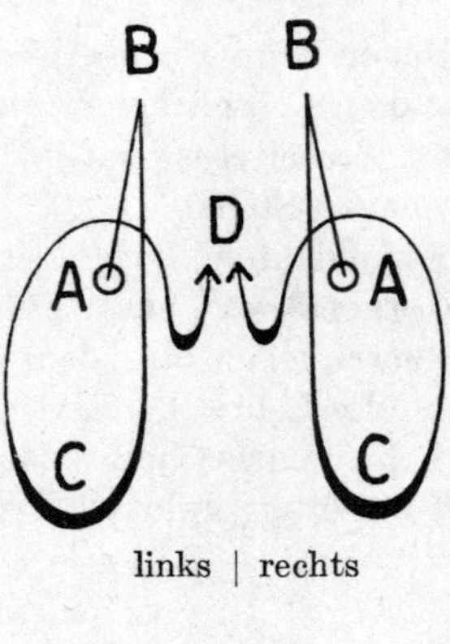

A = Fermatenbeginn
B = Fermatenende
C = Beginn des Konsonanten
D = Konsonantenschluß

Verdickung der Figur bedeutet, daß die Bewegung sich dem Körper nähert, Verdünnung = Entfernung

greifenden Schlägen mit Rückfederung besteht. Diese erste Fallbewegung zeigt das Ende des Vokales an, während die zweite, kleinere den harten Schlußkonsonanten angibt. Letzterer kann noch durch Fingereinschlagen präzisiert werden, wie es später (s. S. 39 ff.) noch genauer beschrieben werden wird.

Figur 5 läßt sich auch gelegentlich bei lang ausklingenden pp-Schlüssen mit einem Klinger ohne folgenden harten Konsonanten anwenden, während für Vokalschlüsse Figur 4 vorzuziehen ist, je nach Ausdruck und Dynamik in schärferer oder weicherer Ausführung.

Alles Gesagte bezieht sich auf Abschluß-Fermaten. Über die Zwischen-Fermate wird bei anderer Gelegenheit (Kapitel II, C, 5 des II. Bandes, 5. Auflage) zu reden sein.

Am Abschluß eines ganzen Werkes verharre man noch eine kleine Weile in der erreichten Normallage, um die Stimmung des Vorangegangenen nachschwingen zu lassen. Nichts ist abscheulicher, als wenn gleich nach Verklingen des letzten Tones schon ablenkende Geräusche zu vernehmen sind, die die ganze Atmosphäre zerstören. Der Hörer wird einen Augenblick des Nachdenkens über das Gehörte als besonders wohltuend empfinden.

Wenn aber der Leiter selbst nicht die nötige Ruhe und Konzentration aufbringt und gleich nach dem Verklingen des letzten Tones befriedigt die Arme fallen läßt, kann er unmöglich von dem Chor ein Anhalten der Spannung verlangen. Man schließe also, wie gesagt, mit einem — je nach Inhalt des Vorangegangenen — kürzeren oder längeren Verweilen in der Normallage, und so ist der Kreislauf zwischen Anfang und Ende des Werkes in harmonischer Weise geschlossen.

C. Praktischer Lehrgang der Schlagtechnik

1. Möglichkeiten des Lernens und Übens

Wir kommen nun dazu, das in den vorigen Abschnitten Gesagte zu üben, was mit Erfolg erst dann geschehen kann, wenn das Vorangegangene genauestens durchgearbeitet ist, sowie durch Nachschlagen an den mit Hinweisen versehenen Stellen.

Die Lern- und Übungsmöglichkeiten sind folgende: am besten bewährt es sich, wenn 6—10 Lernende sich unter Führung eines Lehrers zu einem Kursus zusammenschließen, aus dem jeweils einer dirigiert, die anderen singen, und der Lehrer korrigiert. Möglich ist auch Einzelunterricht, aber das Fehlen eines Chores, der singt und die Auswirkung des Dirigierens gleichzeitig praktisch auf die Probe stellt, erschwert die Arbeit.

Die häusliche Vorarbeit für den Unterricht besteht darin, daß der Lernende die Übungsbeispiele auswendig lernt — unbedingt nötig! -- und dann übt, wobei die Zuhilfenahme eines Spiegels dringend zu empfehlen ist, um wenigstens bis zu einem gewissen Grade die Wirkung der eigenen Bewegung selbst zu kontrollieren.

Auf diese Art wird man sich auch in beschränktem Umfang auf dem Wege des Selbstunterrichts manches aneignen können, aber die leitende und kontrollierende Hand eines Lehrers wird nicht ganz entbehrt werden können.

Je größer die Teilnehmerzahl an einem Kursus ist, um so mehr wird man das Schwergewicht auf die gemeinsamen unten beschriebenen Übungen legen müssen. Man kann so sogar bei einer Teilnehmerzahl von 50 Menschen eine gründliche Auflockerung erreichen, aber gewiß ist dies nicht der Idealfall.

2. Übung der Taktarten

Wir beginnen mit der Übung der Taktarten, deren Schemata und kurze Erläuterung in Figur 1 auf S. 15 ff. zu finden sind. Der Lehrende steht vor den Kursteilnehmern und läßt, seinem Vorbild folgend, alle gemeinsam zunächst mit großen schwingenden Bewegungen beider Arme die verschiedenen Taktarten üben, am besten und lebendigsten in Verbindung mit dem Singen bekannter Lieder.

Dabei ist auf größte Lockerheit der Bewegungen von den Schultern her, verbunden mit größter Elastizität des ganzen Körpers, zu achten. Von Anfang an und immer wieder ist dem Rückfedern, der Auslösung jeder Bewegung, die allergrößte Aufmerksamkeit zu schenken. Eine stark federnde, im Bewegungszuge mehr auf- als abwärts gerichtete, d. h. dauernd anhebende und „schwerelose“ Bewegungsart ist für den Chor unerläßlich, da sie in gleicher Weise die Lockerheit des Singens als Voraussetzung jedes Chorgesanges, wie die Reinheit der Intonation fördert.

Immer und immer wieder muß dies beachtet werden, und ein gutes Hilfsmittel dazu ist die Vorstellung, daß die Unterarme an Gummibändern oder Spiralfedern aufgehängt sind, die jede Bewegung unmittelbar wieder nach oben ziehen, sie auslösen und zurückfedern lassen, oder daß unsichtbare Kräfte jede Bewegung nach oben ziehen wollen; daß, paradox ausgedrückt, das Dirigieren eigentlich nur darin besteht, diesen unsichtbaren, die Arme ständig heraufziehenden Kräften durch Abwärtsschlagen entgehen zu wollen. Die „unsichtbaren Kräfte“ aber sind stärker als wir, und daraus ergibt sich, daß die Arme immer wieder unmittelbar nach oben gezogen werden, und zwar im direkten Verhältnis zu Stärke und Geschwindigkeit der Abwärtsbewegung. Die rückfedernde Auslösung jeden Schlages entspricht in Spannkraft und Geschwindigkeit immer durchaus dem Schlage selbst.

Gerade bei dem Streben nach Gelöstheit zeigen sich die größten Schwierigkeiten, die darin bestehen, daß den meisten Menschen ihre natürliche Lockerheit, die jedes Kind und jedes Tier besitzt, abhanden gekommen ist.

Da können nur rhythmische Gymnastik und alle Arten von Lockerungsübungen helfen. Es ist hier zwar nicht der Platz, über Gymnastik zu schreiben, aber einige wenige Übungen zur Erzielung einer gewissen Lockerheit dürfen nicht fehlen. (Siehe auch Kapitel II, C, 12, S. 65 ff.).

Die erste besteht darin, daß man den Oberkörper seitlich vorbeugt, den einen Arm durch seine eigene Schwere herabhängen läßt, durch einen Schwung des Oberkörpers in Schlenkerung versetzt und absolut passiv ausbaumeln läßt. Dasselbe dann mit dem anderen Arm. Man fühlt dabei die Eigenschwere des Armes.

Sehr dienlich ist das entspannte Fallenlassen der zunächst seitlich oder nach vorn waagerecht gespannten Arme. Ferner das Schwingen des Oberkörpers in der Weise, daß die nach oben gehobenen Arme zwischen den gespreizten Beinen hindurchschwingen.

Eine weitere Übung besteht darin, daß man bei Schlußstellung der Füße den Oberkörper vorbeugt und beide Arme in Gegenbewegung im rechten Winkel aufeinander zu — möglichst ohne daß sie sich berühren! — in Schwingungen setzt und auspendeln läßt. Schultern ganz locker!

Ferner wird es die Lockerheit fördern, wenn man bei Schlußstellung der Füße den Oberkörper mit ganz entspannt herabhängenden Armen nach vorn beugt und durch starke Stöße des Oberkörpers 15—25 mal mit den Fingerspitzen den Boden berührt. Schultern entspannen und Arme schlenkern lassen!

Hüpfübungen mit ganz entspannten Schultern und Armen dienen ebenfalls der Auflockerung. Einmal kann man diese so ausführen, daß die Knie abwechselnd an die Brust schlagen, ein andermal so, daß die Hacken abwechselnd an die Verlängerung des Rückens anschlagen. Die Arme und Hände machen dabei ganz passive Schlenkerbewegungen. Auch lockerer Dauerlauf mit ruhigem Atmen gehört hierher.

Nach diesen zwischengeschobenen Lockerungsübungen fahre man im Üben der Taktschlagarten auf die oben beschriebene Weise fort, abwechselnd langsam und schnell, frei ausschwingend — gebunden —, und durch rasche und stark zurückfedernde Bewegungen —

fixiert —, einmal in großen, einmal in kleinen Bewegungen, und zunächst mit beiden Armen symmetrisch. Bei den Bewegungen nach innen kommen die Hände übereinander zu liegen.

Eine wichtige Übung für die Erlangung der Präzision des Schlages und die schon während der Bereitschaftsstellung oft entstehende Notwendigkeit einer völligen Regungslosigkeit der Arm- und Handhaltung besteht darin, daß man die einzelnen Bewegungen der verschiedenen Taktschlagarten im langsamen Zeitmaß sehr rasch ausführen und zurückfedern läßt, die Zeit zwischen je zwei Schlägen aber durch ein gespanntes, völlig regungsloses Stillhalten der Hände und Arme ausfüllt. Dazwischen immer wieder die beschriebenen Lockerungsübungen einschalten!

Die Figur, die bei dieser ganz gespannt fixierten Schlagart entsteht, sieht beispielsweise beim $^4/_4$-Takt folgendermaßen aus:

Fig. 6

× = Gültigkeitspunkt des Schlages.
O = Endpunkt der betreffenden Rückfederung mit absolutem Stillstand.

Im Gegensatz dazu würde die Figur einer ohne jede Fixierung durchschwingenden Bewegung so aussehen:

Fig. 7

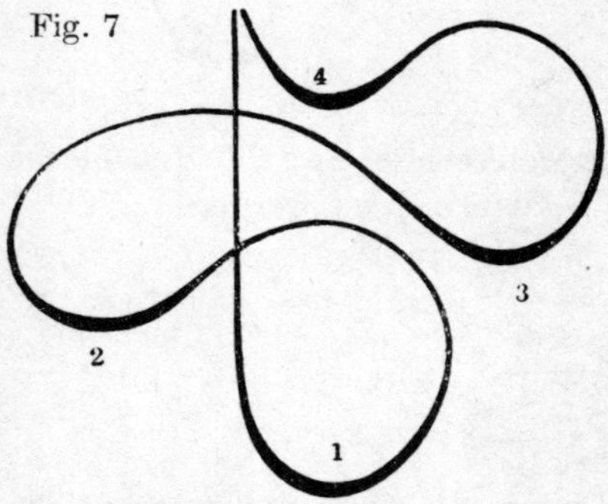

während die am häufigsten zur Anwendung kommende Normalfigur, welche für eine ruhig schwingende Schlagart, die aber die Gültigkeitspunkte durch eine Beschleunigung der Bewegung fixiert, und mit dem Ausdruck „halbfixiert“ bezeichnet werden kann, ja bereits in Figur 1 auf S. 15 gegeben wurde.

Alle drei Arten mit all ihren Vorübungen müssen bis zu ihrer völligen Beherrschung mit großer Sorgfalt und Ausdauer geübt werden, ja es kann nicht dringend genug empfohlen werden, daß alle Chorleiter oder solche, die es werden wollen, diese und die in Kapitel II, C, 12 beschriebenen Übungen zur täglichen Morgengymnastik machen sollten!

Eine gute Übung zur Erlernung des Wechsels zwischen Lockerheit und Spannung — ohne diese ständige Wechselwirkung würde jedes Dirigieren auf die Dauer unmöglich sein — besteht darin, daß man auf „Eins“ gespannt nach unten schlägt und überaus rasch in die Normallage zurückfedert, auf „Zwei“ Arme und Körper ohne sichtbare Bewegung entspannt, auf „Drei“ die Arme wieder locker anhebt usw.

Ergänzend sei noch hinzugefügt, daß ein weiteres gutes Hilfsmittel für die Auslösung oder Zurückfederung jeden Schlages durch die Vorstellung gefunden wird, daß alle Bewegungen von den Zehenspitzen ausgehen und sich durch den ganzen Körper fortpflanzen.

Jede „Eins“, jeder Fermatenabschlag führt senkrecht nach unten mit nahezu senkrechter Rückfederung (außer beim $^2/_2$-Takt) wie auf Schienen, was in den Figuren durch einen spitzen Winkel auf „Eins“ ausgedrückt werden mußte. Kein Schlag darf auch nur annähernd so tief geführt werden wie die „Eins“, — die Folge würde, zumindest beim Orchester, sein, daß die unangenehmsten Irrtümer entstünden, und keinesfalls darf — wie man es leider oft sieht — etwa die Figur des $^4/_4$-Taktes so aussehen wie hier:

Fig. 8

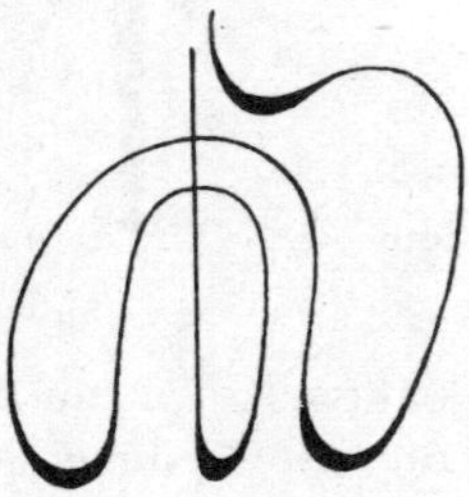

Falsch!

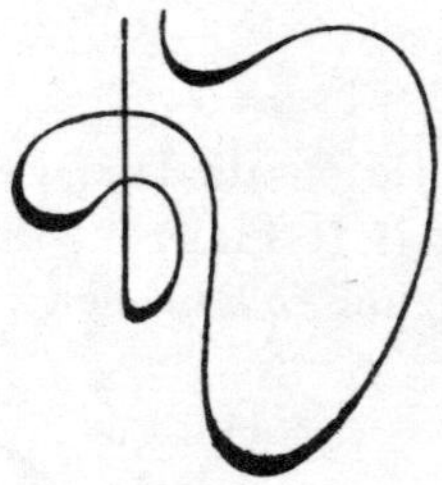

Zur Ergänzung sollen noch einige weitverbreitete schlagtechnische Unarten in den folgenden Figuren gekennzeichnet werden:

Fig. 9

Figur 9 zeigt zu flache weiche Linien, die niemals eine deutliche rhythmische Formulierung oder musikalische Präzision hervorrufen können, da ihre Anschlagspunkte viel zu wenig erkennbar sind. Sie könnten allenfalls in den ganz seltenen Fällen, in denen der Rhythmus im Verhältnis zur ausschwingenden Linie eine völlig untergeordnete Rolle spielt, dazu dienen, ein Zuviel an Akzentgebung der Musizierenden durch entgegengesetzte Bewegungsart zu beseitigen. Überhaupt gilt ja der Grundsatz, daß alle Dirigierbewegungen bewirken müssen, das in den Musizierenden nicht oder ungenügend Vorhandene zu erwecken und andererseits jedes Zuviel an falsch gelagerter Spannung zu beseitigen.

Ganz besonders gewarnt sei ferner vor der Undeutlichkeit des letzten Schlages innerhalb einer Taktart, dem ja besondere Bedeutung zukommt als Vorbereitung der nächsten „Eins", und der daher besonders verdeutlicht werden muß durch eine präzise, wenn auch noch so kleine Fallbewegung samt ihrer Rückfederung. Um dies zu erreichen, ist ganz besonders auf den Schwung vor dem letzten Taktteil zu achten. Übertrieben gezeichnet:

Auftakt: Eindeutigkeit für den 1. Schlag

Fig. 10

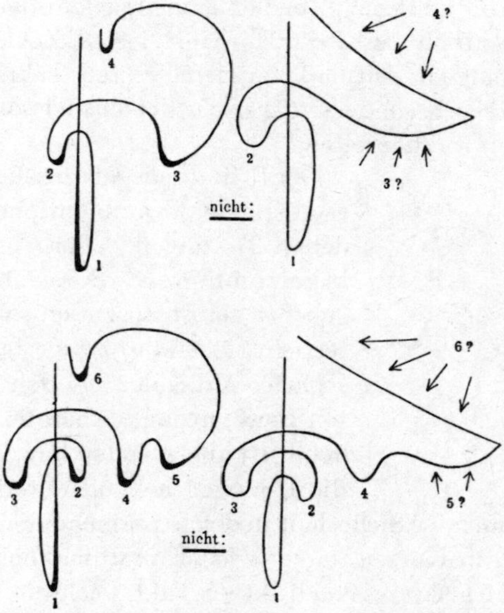

Die kleinen Abweichungen des Schlages „2" nach innen bei den dreigeteilten Taktarten in Figur 10, 12, 14, 15 im Gegensatz zu Figur 1 (S. 15) haben keinerlei grundsätzliche Bedeutung. Die Unmöglichkeit, die sowohl hier als dort beabsichtigte senkrechte Wiederholung des Schlages „1" auf „2" zeichnerisch zu verdeutlichen, läßt sowohl das eine wie das andere zu.

Eine weitere durch falsche Spannung oder Verkrampfung entstehende Schlagunart kann nicht deutlich genug gebrandmarkt werden: Sie besteht darin, daß unnötige rückläufige Bewegungen einerseits die klare Taktfigur verundeutlichen, andererseits durch ihr

Zuviel Kräfte vergeuden, die an anderer Stelle weit sinnvoller und notwendiger angewandt werden müßten. „So wenig Bewegungen wie möglich, so viel wie nötig" lautet unsere Devise — nicht aus Bequemlichkeit etwa, die ja unter allen Umständen abzulehnen wäre, sondern um die außergewöhnlichen Bewegungen nicht vorwegzunehmen und abzunutzen!

Fig. 11

Falsch!

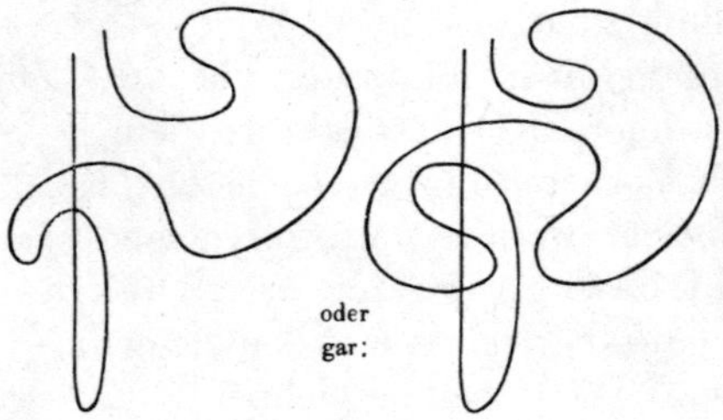

Doch können die im Prinzip abzulehnenden rückläufigen Bewegungen allenfalls gelegentlich bei Taktarten mit vielen Zählzeiten ($^8/_8$, $^9/_8$, $^{12}/_8$ u. a.) in ruhigem Zeitmaß vor dem letzten Taktschlag sinnvoll werden, um diesen besonders zu verdeutlichen und somit die „Eins" *noch* intensiver vorzubereiten.

Fig. 12

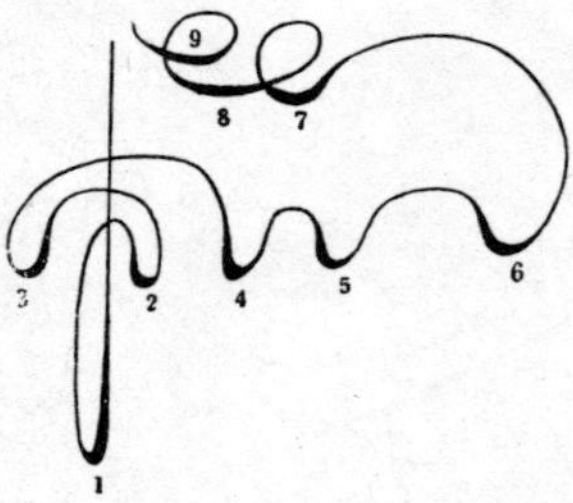

Der Erfindungsgabe des Lehrenden bleibt es überlassen, Kombinationen der verschiedenen Taktarten, Übergangsübungen aus kleinen in große Bewegungen und umgekehrt selbst auszudenken und den Unterricht lebendig zu gestalten. Kurzes, scharfes Mitzählen bei den kleinen fixierten Bewegungen, gedehntes Mitzählen bei den breit ausladenden Bewegungen können die Übungen helfend unterstützen.

Zur Befestigung der Sicherheit in der Beherrschung der Taktfiguren bewährt es sich in Kursen immer wieder, in allmählich sich steigerndem Zeitmaß *auf Anruf* von Takt zu Takt wechseln zu lassen. Drei Viertel — sechs Viertel — zwo Viertel — vier Viertel — fünf Viertel mit betonter *Drei* — zwo Viertel — vier Viertel — sechs Viertel — fünf Viertel mit betonter Vier — drei Viertel usw.

Man kann beim Üben der Taktarten hier schon einen Wechsel zwischen Armschlag — aus dem Schultergelenk —, Handgelenksschlag und sogar Fingerschlag — mit dem Fingerwurzelgelenk — einfügen, wobei das Handgelenk bzw. die Fingergelenke die *gleichen* Bewegungen auszuführen haben wie sonst das Schultergelenk. Es empfiehlt sich, bei den Taktbewegungen aus dem Handgelenk dieses nur scharf federnde Zuck-Bewegungen ausführen zu lassen, während die Richtungen der Taktfigur durch leichte Seitenbewegungen des Unterarms verdeutlicht werden. Bei den Schlägen aus dem Fingerwurzelgelenk gilt das gleiche für dieses, wobei aber hier die Seitenbewegungen vom Handgelenk ausgeführt werden müssen. Grundlage des Bewegungsverlaufes bleibe stets der Schultergelenkschlag. Das Ellbogengelenk eignet sich nicht zum Taktschlagen, da es im Gegensatz zu den drei genannten Kugelgelenken nur seitliche Bewegungen ausführen kann. Dringend gewarnt sei davor, Schulter und Handgelenk gleichzeitig zu bewegen — mit Ausnahme der S. 33 ff. beschriebenen Handgelenksunterteilung — da die hierdurch entstehenden Schlenkerbewegungen jede Klarheit rauben.

Eine weitere Sicherheitsübung besteht darin, daß man schon jetzt — wie es im Kapitel „Hohe Schule der Schlagtechnik" des II. Bandes zur Anwendung kommt — in den verschiedenen Taktarten von Takt zu Takt den anderen Arm verwenden läßt. Nähere Beschreibung siehe II. Band, Kapitel III, A.

Große Aufmerksamkeit schenke man stets der Handhaltung. Im Zusammenhang mit der Bereitschaftsstellung (siehe S. 12ff.) wurden ihre verschiedenen Möglichkeiten besprochen, die auch beim Schlagen ihre Gültigkeit behalten. Innerhalb der Hand muß sich stets eine mehr oder weniger starke Spannung von der Daumenspitze zur kleinen Fingerspitze ergeben, welch letztere niemals eingerollt werden und dadurch introvertiert wirken darf. Man nehme beim ausschwingenden Schlag stets die natürliche, lockere Handhaltung (Tafel IVa), bei ganz leichtem Schlag wohl auch einmal die abdämpfende (Tafel VIa). Faustbildung und ähnliche den Ton abdrückende Handhaltungen (Tafel IVb, Vb, VIb) dürfen nicht geduldet werden, ebensowenig eine stereotype, sich immer gleichbleibende ausdruckslose Handhaltung.

Das Handgelenk soll stets ruhig bleiben — die untere Daumenlinie in genauer Fortsetzung der Unterarmlinie (Tafel VIIa). Hängt die Hand durchweg tiefer, so wird das Musizieren schlaff und spannungslos werden, steht sie höher, so kann übermäßige falsche Spannung das Ergebnis sein. Alle Abweichungen der Handhaltung müssen sich um die beschriebene Haltung als Norm gruppieren, sich in ihr ausgleichen. Jedes zwecklose Schlenkern des Handgelenks macht die Bewegung unruhig, und ein dauerndes Herabhängenlassen der Hand wirkt schlaff und gänzlich spannungslos (Tafel VIIb).

Ferner muß ständig darauf geachtet werden, daß im Ellbogengelenk kein Schlenkern entsteht. Die dort notwendige Beugung darf selten weniger oder mehr als 90° betragen.

Einige weitere gute Übungen zur Befestigung der Taktfiguren-Beherrschung, zur Übung der Konzentration und des Gefühls für Tempoverhältnisse können schon hier mit Erfolg eingeführt werden.

1. Man lasse abwechselnd immer zwei Takte lang im gleichen Zeitmaß (𝅗𝅥 = ♩) $^2/_2$ und $^4/_4$ schlagen. Hierbei ist streng darauf zu achten, daß die Energiemenge jedes Taktes etwa die gleiche sein muß. Denkt man sich die Energiemenge eines Taktes als ausgelegte Schnur, so müßte die Länge dieser Schnur jeweils etwa die gleiche sein, d. h. also, daß die $^4/_4$-Figur wegen der größeren Zahl ihrer Kurven als Ganzes kleiner zu sein hat als die $^2/_2$-Figur.

Fig. 13

entspricht etwa:

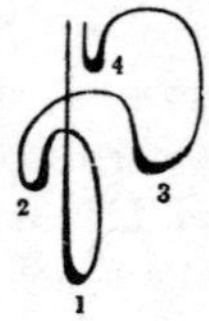

Hierdurch wird gleichzeitig ein für diese Übung wesentlicher Gesichtspunkt beachtet, nämlich der Gefahr vorzubeugen, daß der $^4/_4$-Takt infolge zu großer Bewegungen im Zeitmaß nachhinkt und schleppt. Ähnliche Übungen lassen sich auch im $^6/_8$-, $^9/_8$- und $^{12}/_8$-Takt mit Erfolg anwenden, indem man abwechselnd die Normalfigur (s. S. 15, 16) und die Tütenform (s. S. 18) bei unverändertem Zeitmaß schlagen läßt. Auch hier muß, wie eben beschrieben, darauf gesehen werden, daß die Gesamtenergie jedes Taktes etwa die gleiche ist, die Tütenform also wegen der geringeren Kurvenzahl größer erscheint.

Fig. 14

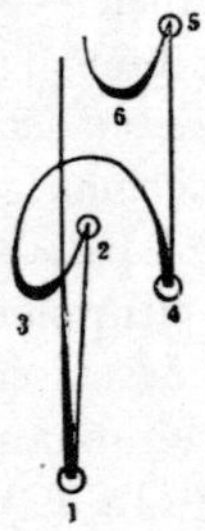

entspricht etwa:

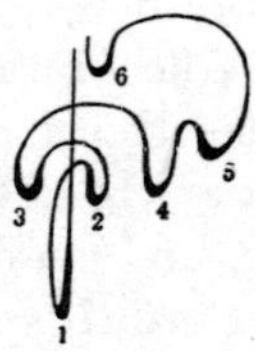

Auch der Wechsel von Tüten- und ausgeschlagenen Achteln innerhalb eines Taktes wird in der Praxis oft notwendig.

Fig. 15

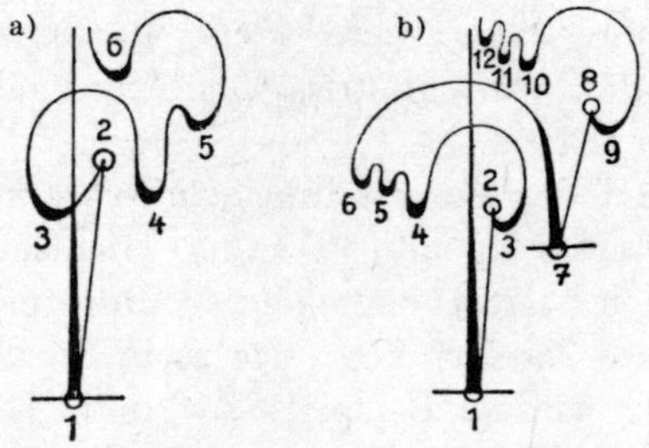

2. Als besonders dienlich zur Erwerbung der Schlagtechnik für neue Musik mit viel Taktwechsel (Strawinski!) erweisen sich folgende Übungen: Man schlage — in genau entsprechendem Zeitmaß — die folgenden Reihen:

‖: 2/2 / 3/4 / 3/2 / 4/4 :‖ oder: ‖: 3/4 / 4/8 / 3/4 / 3/8 :‖ oder: ‖: 3/4 / 6/8 / 4/4 / 3/8 / 5/4 / 9/8 :‖ oder: ‖: 4/4 / 3/2 / 4/4 / 6/8 :‖ oder: ‖: 3/4 / 2/2 / 6/8 / 2/4 / 3/8 / 2/2 :‖.

In den letzten beiden Reihen werden die 6/8- und 3/8-Takte wegen ihrer Schnelligkeit zweckmäßig in Tütenform geschlagen. Im übrigen bleibt es der Fantasie des Lehrenden und Lernenden überlassen, weitere ähnliche Reihen zu erfinden.

Es empfiehlt sich, zunächst je zwei aufeinanderfolgende Takte dieser Reihen viele Male zu wiederholen, bis schließlich eine ganze solche Reihe mit Sicherheit und ohne Temposchwankungen beherrscht wird. Um das Zeitmaß in der genauen Entsprechung (♩ = ♩) einwandfrei beizubehalten, muß der Ausführende die kleinsten Werte der betreffenden Reihe von vornherein latent mitempfinden, um sie im gegebenen Augenblick nach außen sichtbar werden zu lassen. Auch hier muß die Größe der Bewegung im sinnvollen Zusammenhang mit ihrer Geschwindigkeit stehen, d. h. die Achtelschläge müssen sehr knapp, die Viertelschläge normal und die Halbe-Schläge sehr groß ausschwingend behandelt werden.

Weitere Übungen siehe „Hohe Schule" (II. Band, 5. Auflage, Kapitel III, E).

3. Unterteilungen

aus dem Handgelenk schlagen

Wir kommen nun zu weiteren wichtigen Übungen, nämlich zur Unterteilung jedes Schlages durch eine Zwischenbewegung. Diese werden wir brauchen, sobald die normale Schlagart zur Fixierung von Takt und Rhythmus nicht mehr ausreicht, bei allmählichen

Übergängen in eine langsamere oder schnellere Schlagart als Vermittlungsbewegung, bei Schlußritardandi und gelegentlich bei gegenrhythmischen Einsätzen.

Die normale Art der Unterteilung wurde schon in Figur 1 auf S. 16 gezeigt (untergeteilter $^3/_2$- und $^4/_2$-Takt). Hier sei noch ergänzend erwähnt, daß es sich bei vorübergehender Unterteilung einzelner Takte oder Taktteile des Zweiertaktes, wie es in der alten Musik überaus häufig notwendig wird (s. Beispiel S. 54 und „Hohe Schule", Bd. II) nicht empfiehlt, zwischen $^2/_2$-Figur und $^4/_4$-Figur zu wechseln, sondern die Unterteilung in die Figur des Zweitaktes einzubauen.

bei Unterteilung ganzer Takte also:

bei Unterteilung halber Takte hingegen:

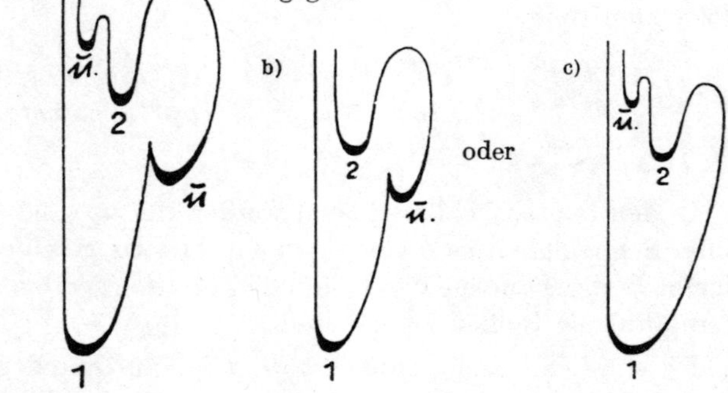

Fig. 16

a) Die „abspringende" Unterteilung

Eine zur Erlangung ganz besonderer Präzision zu empfehlende Art der Unterteilung besteht darin, daß man in halber Höhe der Rückfederung des Hauptschlages einen kurzen Halt entstehen läßt, währenddem die Hand gewissermaßen auf einem „Sprungbrett" ruht; im Augenblick der Unterteilung — auf „und" also — erfolgt ein „Absprung", eine intensive Abfederung von diesem vorgestellten Sprungbrett. Die Vorstellung dabei muß so sein, daß die Hand sich sprungbereit auf einem elastischen, aber wenig nachgiebigen Sprungbrett befindet wie ein Springer vor dem Ansetzen zum Kopfsprung. Im Augenblick der Unterteilung muß die Hand durch kurze intensive Spannung von dem vorgestellten Sprungbrett abspringen, durch den Absprung nach oben fliegen und in dem Augenblick, in dem die Kraft des Schwergewichtes von Hand und Arm den durch den Absprung erzielten Schwung nach oben aufhebt, herunterfallen und — wie jeder normale Hauptschlag— unten wieder zurückfedern. Die Vorstellung des Abspringens muß außerordentlich intensiv sein. Obgleich nur das Hinaufschleudern der Hand äußerlich sichtbar wird, besteht ein großer

Unterschied zwischen diesem durch die Vorstellung des intensiven Abspringens entstandenen Hinaufschleudern und dem einfachen Aufheben des Armes. Ersteres unterscheidet sich neben dem Unterschied in der Vorstellung von letzterem, welches schlagtechnisch völlig wirkungslos wäre, durch die Art der Spannung innerhalb der Hand und ein fast unmerkliches Zucken im Handgelenk.

Fig. 17

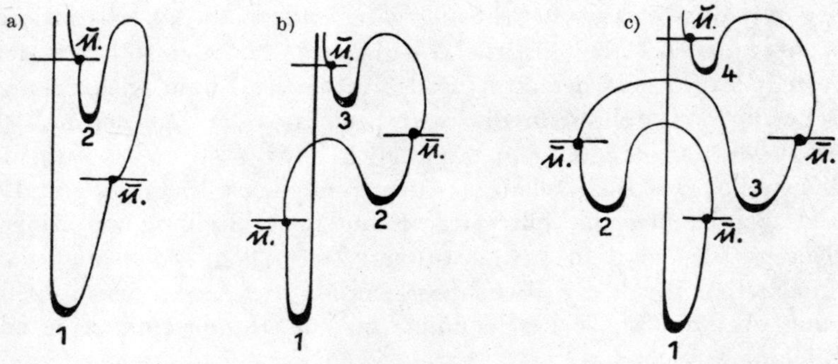

Zum Üben des Absprungs in der Luft ist es im Anfang von Nutzen, jeweils die eine Hand als „Sprungbrett" zu benutzen, von der die andere abspringt. Auch ein Absprung der Hände von der Tischplatte kann zur Übung dienen. Derselbe Bewegungsvorgang und die gleiche Art der Handspannung, die bei diesen Vorübungen entstanden ist, hat später in der Luft zu erfolgen. Dabei ist zu beachten, daß Hand und Arm eine Einheit bilden und kein stärkeres Einknicken im Handgelenk entsteht.

Nach erfolgtem Absprung auf „und" fällt Hand und Arm — wie der Kopfspringer — auf dem Hauptschlag herunter, federt unten wieder ab wie bei jedem normalen Schlag und in die Ausgangsstellung — aufs „Sprungbrett" — zurück.

Diese „Sprungbrett"-Unterteilung ist zu üben: zunächst in einfachem Wechsel zwischen Fall- und Sprungbewegung, dann in sämtlichen Taktarten, sei es jeden Schlag, sei es einzelne Schläge unterteilend. Dem Lernenden bleibt überlassen, mannigfache Kombinationen zwischen „Sprungbrett"unterteilung und Handgelenksunterteilung zu üben.

b) „Handgelenks"unterteilung

Wenn auch normalerweise das Handgelenk unbeweglich bleiben soll, werden wir es doch gelegentlich zu Unterteilungen verwenden können, und daher muß die im folgenden behandelte Bewegung jederzeit verfügbar gehalten werden.

Wir üben folgendermaßen:

Die Arme werden — im Anfang abwechselnd einzeln, später zusammen — zunächst gleichmäßig senkrecht auf- und abbewegt, wobei von vornherein und später immer wieder darauf zu achten ist, daß in den Wendepunkten nicht der geringste Ruhepunkt oder Halt entstehen darf. Dann wird das Handgelenk während der Aufwärtsbewegung des Armes lose nach unten gehalten (Tafel VII c), sodann im Augenblick, in dem der Arm wieder abwärts zu gehen beginnt, durch raschen Schwung geschleudert, so daß es in die gespannte obere Haltung (Tafel VII d) kommt, wo es so lange „festgestellt" wird, bis der Arm wieder unten ist; dann wieder kurzer Schwung, Feststellung in die erste Stellung usw. Das Zeitmaß der Armbewegung nimmt man anfänglich am besten rasch, um den Augenblick des Handgelenkschwunges möglichst kurz zu gestalten und das Handgelenk blitzartig in die neue Stellung zu bringen. Später übe man in langsameren Zeitmaßen, wobei man dann unmittelbar nach der Richtungsänderung des Armes dessen Bewegung ebenfalls stark beschleunigt, bis das Handgelenk seine neue Stellung erreicht hat.

Wichtig zu beachten ist, daß die Fingerspitzen während des oberen bzw. unteren Wendepunktes der Armbewegung nicht höher bzw. tiefer gelangen, als das Handgelenk einen Augenblick vorher gewesen ist. Bei ganz langsamer Ausführung, mit Zeitlupe gewissermaßen, würde sich zeigen, daß der Drehpunkt der Handgelenksbewegungen nicht das Handgelenk selbst, sondern die runde Öffnung zwischen dem aufeinandergesetzten Daumen und Zeigefinger (Tafel IV a) ist. Man kann die richtige Bewegung finden, indem man eine Türklinke locker in die Hand nimmt und dabei das Handgelenk auf- und abbewegt.

(Vielfach hilft auch die Vorübung, die Bewegungen auch seitlich zu üben mit der Vorstellung, der Arm bewege sich im Wasser hin und her. Der Wasserwiderstand würde bewirken, daß — bei völlig lockerem Handgelenk — der beabsichtigte Bewegungsvorgang von selbst entstehen würde, wenn man den Arm hin und her bewegt. Genügt die Vorstellung allein nicht, so wird man im Schwimmbad oder auch in der gefüllten Badewanne den Bewegungsvorgang der Natur selbst abnehmen können!)

Während der Arm schon seine Abwärtsbewegung begonnen hat, will das Handgelenk infolge der Lockerung die vorherige Aufwärtsbewegung noch weiterführen und wird so in seine obere Stellung gebracht, in der es dann durch seine Verbindung mit dem Arm zur Richtungsänderung gezwungen wird. Umgekehrt unten.

Das Prinzip des Peitschenknalls, bei dem das Ende der Schnur noch in der vorherigen Richtung weiterschnellt, während der Stiel und das untere Ende der Schnur bereits in der entgegengesetzten Richtung gehen, bietet einen Vergleich. Einen weiteren Vergleich stellt der mit der Bewegung des Pinsels beim Anstreichen einer Wand dar. Oben und unten muß ein Ruhepunkt entstehen, um das Verspritzen von Farbe zu vermeiden. Während also der den Pinsel führende Arm bereits abwärtsgeht, verfolgt das Pinselende noch die Aufwärtsrichtung und wird erst — da es ja von der den Pinsel führenden Hand (wie das Handgelenk vom Arm und wie die Peitschenschnur vom Peitschenstiel) festgehalten wird — in dem Augenblick, in dem es nicht mehr weiter kann, in die neue Richtung gezwungen. Das Handgelenk hat bei unserer Bewegung aktiv nichts weiter zu tun, als sich oben und unten „festzustellen", im Augenblick der Armrichtungsveränderung völlig zu lockern, und zwar nur so lange, bis es in der neuen Stellung festgestellt wird. Es entsteht dadurch eine ganz natürliche, ruhige, und doch — durch die Gegenbewegung und die dadurch scheinbar entstehende Verdoppelung der Geschwindigkeit — ganz deutliche unterteilende Bewegung.

Die Armbewegungen, die wir dabei machten, sind nun nichts weiter, als beliebige, ruhig schwingende Schläge einer beliebigen Taktart — die ja, wie oben gesagt, und wie aus den Taktfiguren (S. 15—16) zu ersehen ist, stets einen Schwung nach unten in sich tragen — samt ihrer Rückfederung.

Es besteht keine wesentliche neue Schwierigkeit, die Handgelenks-Unterteilung in jeden Schlag jeder beliebigen Taktart einzufügen. Dabei ist allerdings Voraussetzung, daß man sich die Vorübungen mit viel Geduld und langer intensiver Übung restlos zu eigen gemacht hat, um sie dann später unbewußt immer da anwenden zu können, wo man sie braucht. Damit ist dann aber ein Stück schlagtechnischen Handwerkszeugs erarbeitet, das in ungezählten Fällen zur Verwendung kommen kann und vielleicht sogar muß, sofern man das Letzte an Spannung und Rhythmus herauszuholen bestrebt ist. Man geht beim Üben am besten davon aus, daß man im großen senkrechten Auf- und Abführen des Armes mit dem beschriebenen Handgelenksschwung im oberen und unteren Ende jeweils eine Bewegung sehr tief, die nächste weniger tief führt. Danach führe man den tieferen Schlag ein wenig seitlich nach oben, den weniger tiefen nach innen. So erhält man den Zweiertakt (Fig. 18). Der tiefste Punkt, — der Beginn der Aufwärtsbewegung — ist natürlich wie stets der Gültigkeitspunkt des Hauptschlages, der höchste, — das Ende der Rückfederung — genau eingeteilt, ergibt die Unterteilung.

Das gleiche läßt sich für den Vierertakt (Fig. 19) zum Ausdruck bringen, und entsprechend ist der Bewegungsverlauf in allen Taktarten anwendbar.

Fig. 18

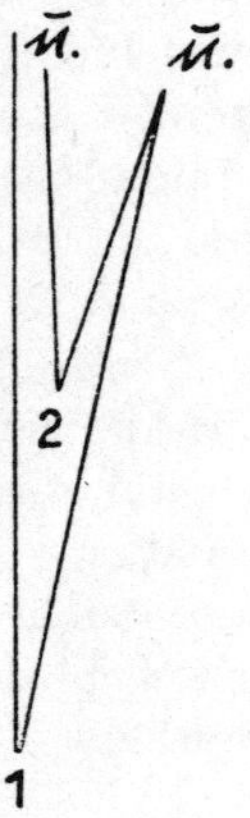

Fig. 19

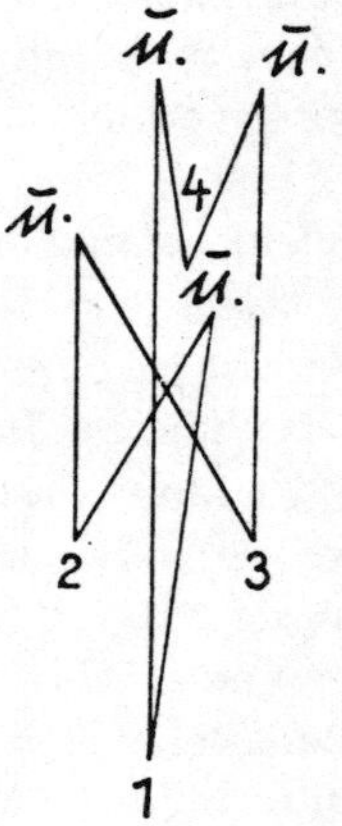

Eine ausgezeichnete zusätzliche Übung — zumal für Chorleiterkurse — die den ganzen Körper rhythmisch beteiligt, besteht darin, daß man bei sehr ruhigem Schreiten — am besten mit einer dazu improvisierten Musik — große schwingende $^2/_2$-Taktbewegungen ausführt und diese dann mit dem Handgelenk unterteilt. Etwa nach 8 Takten wird dann das ruhige Schreiten umgewandelt in synkopisches Marschieren, wobei die Arm- und Handbewegungen sich nicht verändern. Der Schritt liegt also nun genau zwischen 2 Schlägen, d. h. er fällt mit der Unterteilung der Schlagbewegung zusammen. Dies gelingt am besten, wenn man bei jedem Schritt das ganze Körpergewicht auf das betreffende Bein wirft und somit ein Stampfen erzielt, während bei dem ruhigen Schreiten, welches man nach weiteren 8 Takten wieder einführt, eine ganz freie, fast tänzerisch bewegte und gänzlich gelöste Körperhaltung notwendig ist. Diese beiden Arten werden mehrmals abgewechselt, worauf dann unbedingt Lockerungsübungen für Arm und Hand gemacht werden müssen (Kapitel II, C, 12).

Zur weiteren Sicherung übe man so, daß in allen Taktarten einzelne Schläge mit, andere ohne Unterteilung geschlagen werden.

Dann übe man im Dreitakt so, daß sich die Handgelenks-Unterteilung jeweils erst auf „Drei" vollzieht, wobei naturgemäß das Handgelenk immer zwei Zeiten unten und nur eine Zeit oben festgestellt bleibt.

Ist eine gewisse Sicherheit erreicht, so übe man Übergänge von bewegten „Halben“ in ruhige „Achtel“, und zwar auf folgende Art.

Wir beginnen mit raschen $^2/_2$-Taktschlägen, diese werden verlangsamt und dann mit dem Handgelenk — auf „und“ — untergeteilt, dann werden $^4/_4$ geschlagen, dann diese bei weiterer Verlangsamung in der gleichen Weise untergeteilt und endlich $^8/_8$-Schläge ausgeführt. Von da aus geht es auf umgekehrtem Wege wieder zurück in den schnellen $^2/_2$-Schlag. Also ein ausgedehntes Verlangsamen und Wiederbeschleunigen des Zeitmaßes.

Die Tempoübergänge müssen sich ganz allmählich vollziehen, was besonders beim Übergang vom untergeteilten $^2/_2$-Schlag zum $^4/_4$-Schlag und umgekehrt anfänglich auf große Schwierigkeiten stößt. Die „und“-Schläge werden nur vom Handgelenk auf die beschriebene Art ausgeführt. Man zähle unter dauerndem Verlangsamen folgendermaßen: 1–2 / 1–2 / 1–2 / 1–2 / 1 und 2 und / 1 und 2 und / 1 und 2 und / 1 und 2 und / 1–2–3–4 / 1–2–3–4 / 1–2–3–4 / 1–2–3–4 / 1 und 2 und 3 und 4 und / 1 und 2 und 3 und 4 und / 1–2–3–4–5–6–7–8 / (von hier an wieder schneller werdend) 1–2–3–4–5–6–7–8 / 1 und 2 und 3 und 4 und / 1 und 2 und 3 und 4 und / 1–2–3–4 / 1–2–3–4 / 1–2–3–4 / 1–2–3–4 / 1 und 2 und / 1 und 2 und / 1 und 2 und / 1 und 2 und / 1–2 / 1–2 / 1–2 / 1–2 / 1.

Als Vorübung empfiehlt es sich, immer abwechselnd jeweils zwei Takte lang $^4/_4$ und dann wieder $^2/_2$ mit Handgelenksunterteilungen zu schlagen.

Als Übung für den Dreiertakt, sehr rasch beginnend und ständig verlangsamend: zunächst werden ganze Takte geschlagen, indem der Schlag „Eins“ sofort wieder ganz herauffedert (Fig. 1 a); dann folgen handgelenksuntergeteilte „Ganze“, wobei das Handgelenk jeweils die „Drei“ angibt. Darauf folgt die in Figur 2a auf S. 18 angegebene und dort beschriebene Schlagart, dann normale $^3/_4$, untergeteilte $^3/_4$, ausgeschlagene 6 Achtel (aber nicht $^6/_8$-Takt!). Dann unter ständigem Beschleunigen dasselbe rückwärts. Man zähle unter dauerndem Verlangsamen: 1 / 1 / 1 / 1–3 / 1–3 / 1–3 / 1 ^{2} 3 / 1 ^{2} 3 / 1 ^{2} 3 / 1–2–3 / 1–2–3 / 1–2–3 / 1 und 2 und 3 und / 1 und 2 und 3 und / 1 und 2 und 3 und / 1–2–3–4–5–6 / (nun wieder allmählich und dauernd beschleunigend) 1–2–3–4–5–6 / 1–2–3–4–5–6 / 1 und 2 und 3 und / 1 und 2 und 3 und / 1 und 2 und 3 und / 1–2–3 / 1–2–3 / 1–2–3 / 1 ^{2} 3 / 1 ^{2} 3 / 1 ^{2} 3 / 1–3 / 1–3 / 1–3 / 1 / 1 / 1 / 1 / 1.

c) Der „unterbrochene“ Schlag (Stauschlag)

Eine dritte Form der Unterteilung kann gelegentlich von Wirkung sein, wenn ihr eine besondere Schwere und Wucht verliehen werden soll, bei synkopischen Rhythmen  und ähnlichen. Sie wird ausgeführt, indem der zu unterteilende Schlag etwa in der Mitte zwischen dem Höchstpunkt der Rückfederung des vorangegangenen Schlages und dem folgenden Anschlagspunkt unterbrochen wird, und zwar so, als ob ein plötzlicher Widerstand aufträte, der erst durchstoßen werden müsse. Es entsteht also genau auf „und“ ein Einhalten der Bewegung mit deutlich fühlbarem Weiterstreben auf den Anschlagspunkt hin. Dieses Weiterstreben kommt jedoch durch die Vorstellung eines äußeren Widerstandes zunächst nicht zur Auswirkung. Nach seiner Durchstoßung jedoch wird der unterbrochene Schlag wuchtig auf den Anschlagspunkt hingeführt und federt von dort zurück wie sonst.

Fig. 20

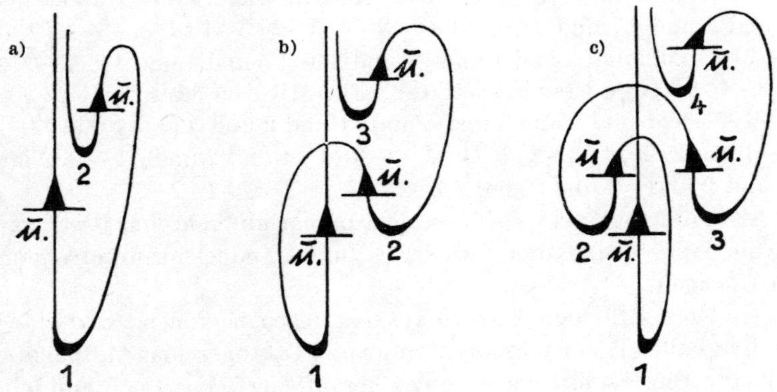

Mit dieser Art der Unterteilung wird viel Mißbrauch getrieben von Dirigenten, denen die abspringende Bewegung, die sich besonders für rhythmisch-präzise Musik eignet, und die Handgelenksunterteilung, deren Wesen in einer klaren Untergliederung großer ausschwingender Melodiebögen liegt, fremd sind.

Die hier kurz beschriebene Art verleitet ihrem Bewegungsverlauf entsprechend zu stärkeren Stauungen, die nur in besonders gelagerten Fällen zur Anwendung kommen sollten.

4. Akzentegeben

Um allen schlagtechnischen Voraussetzungen zur Ausführung der dann folgenden praktischen Übungsbeispiele zu genügen, bedarf es noch der Übung im Akzente-Geben.

Man unterscheidet mehrere Arten von Akzenten: Dehnungsakzente (agogische Akzente) und Betonungsakzente (dynamische Akzente). Unter der ersten Art versteht man solche Akzente, die zusammenfallen mit Dehnung der betreffenden Noten, — die ja bei der Formung jeder Linie notwendig werden; denn gerade ein lebendiger Rhythmus kann nur durch freie, unmetronomische Formung entstehen, wobei das Gewebe an den Spannungshöhepunkten gewissermaßen auseinandergezogen und danach wieder aufgelockert wird —:

unter Betonungsakzenten solche, die nur von kurzer Dauer sind, meist mit kurzen Vokalen zusammenfallen, und nur einen gewissermaßen nadelstichfeinen scharfen Nachdruck erfordern. Die ersten fallen häufig mit langen, die letzteren mit kurzen Notenwerten zusammen. (S. auch Band II, Kap. I. A.)

>. = kurzer Akzent, ≥ = Dehnungsakzent

Die Dehnungsakzente gibt man schlagtechnisch am besten durch ein geringes Vorverlegen der Bewegung — wobei aber nicht die Arme allein vorgestreckt werden dürfen, sondern die gesamte Bewegung einschließlich des Oberkörpers sich den Musizierenden nähern muß — eventuell unterstützt durch leichtes Öffnen der Hand, verbunden mit einer Drehung der Handfläche (Handrücken nach unten!).

Man übe, indem man bei fortlaufendem Taktschlag abwechselnd die einzelnen Takteinheiten mit solchen Akzenten versehen läßt.

Die Betonungs-Akzente kann man, abgesehen von der normalen Fixierung des Schlages durch Verschärfung und rascheres Zurückfedern der Bewegungen, auf zwei Arten geben: entweder — bei gewichtigen Akzenten — durch scharfes, mit dem Taktschlag zusammenfallendes Herunter- und sofortiges Wiederheraufschlagen des Handgelenkes (Tafel VII c und d), oder — bei weniger schweren Akzenten — durch einen ganz präzisen Fingerschlag. Dieser erzielt größte Deutlichkeit, wenn von Akzent zu Akzent zwischen der Stellung Tafel VIIIa und b gewechselt wird, wobei der Wechsel genau im Anschlagspunkt zu geschehen hat. Das Öffnen geschieht am organischsten in den Anschlagspunkten der tieferen Schläge (vorwiegend auf „Eins"), das Zuschlagen auf den leichteren Taktteilen (vorwiegend dem letzten Schlag eines Taktes). Man übe auch den Fingerschlag rhythmisch eingeteilt, blitzartig auf und ab, verbunden mit scharfem kurzem Zählen. Als Vorübung empfiehlt es sich, gesondert mit blitzartiger Muskelbetätigung sowohl das Aufwärtsschlagen der Finger (als wenn man mit Wasser spritzen wolle!) als auch das Zuschlagen mit Zeige- und Mittelfingerspitze auf die Daumenspitze (als wolle man eine dort sitzende Mücke erschlagen!) zu üben.

Zum Erlernen dieser Art des Akzente-Gebens lasse man gleichfalls bei fortlaufendem Taktschlag immer abwechselnd eine bestimmte Takteinheit mit solchen Akzenten versehen.

Eine dritte Möglichkeit endlich ergibt der ganz schwere Akzent auf „Eins", dem durch die Bewegung eine bedeutende Wucht zu verleihen ist. In diesem Falle werfe man während des Spannungsmomentes vor dem Niederschlag bei erhobenem Arm das Handgelenk mit der gespannten Hand scharf nach unten (Tafel VIIc), so daß es gewissermaßen abwärts zielt, schlage mit dieser Handhaltung blitzartig abwärts, und lasse das Handgelenk im Moment der Gültigkeit des Schlages, also im Tiefpunkt der Bewegung, wieder emporschnellen (Tafel VIId). Die Fingerspitzen eilen hierbei, gewissermaßen den Weg bahnend, Hand und Arm voraus, wodurch der Schlag eine ungeheure Wucht erhält.

5. Übungen für Einsatzgeben und Fermateabschlagen

Die nun folgenden praktischen Übungen dürfen erst begonnen werden, nachdem alle Abschnitte des Kapitels II, B genau durchgearbeitet wurden. Auch der Abschnitt über das Ansummen (Kapitel VII B 13) wird hier ebenfalls vorausgesetzt.

Bei allen diesen Übungen gewöhne sich der Dirigierende von vornherein daran, die jeweils zu führende Stimme mitzusingen oder — falls sein Organ nicht über die nötige Wendigkeit verfügt — zumindest so deutlich zu „markieren", daß der Chor ihm alles Wesentliche vom Munde ablesen kann.

Bei leblosem Gesichtsausdruck oder geschlossenem Munde ist auch die klarste Schlagtechnik der Hände zur Unwirksamkeit verdammt. Vom Kopf bis zu den Füßen muß der Dirigierende eine lebendig mitschwingende Einheit bilden, in der den Atem- und Singorganen gewichtige Rollen zufallen.

Nach dem Ansummen in sehr gespannte Bereitschaftsstellung (Tafel I) gehen. Danach folgt eine mit kräftigem Atmen verbundene „Zwei“ als Vorbereitung, Einsatz auf „Drei“, scharf federnde, fixierte Bewegungen auf „Drei“ und „Vier“. Auf der „Eins“ des zweiten Taktes scharf in die Normallage zurückfedern und von dort allmählich anheben, um die Spannung zu halten. Abschlagen der Fermate durch blitzartiges Herunterschlagen der Hände mit unmittelbarem raschem Zurückfedern in die Normallage („t“!) (siehe Fig. 4, S. 20). Dann noch einen Augenblick in Normallage verharren, um die Spannung nachwirken zu lassen.

Das Abschlagen und seine Auslösungsbewegung, das Zurückprallen, müssen stets wie *eine* Bewegung wirken. Auf keinem Fall darf im tiefsten Punkte auch nur der geringste Aufenthalt entstehen, wodurch die einheitliche Abschlagsbewegung wie *zwei* getrennte Bewegungen erscheinen und damit der *Eindeutigkeit* entbehren würde. Gerade diese *Einheit* der Abschlagsbewegung und ihrer Auslösung macht vielen angehenden Chorleitern große Schwierigkeiten und bedarf langer Übung.

Wenn nötig, übe man *zuvor gemeinsam* ein von der Normallage ausgehendes blitzartiges Seitlichschlagen und Wiederzurückschnellen der Arme, so, als wolle man seinem Nachbarn einen Stoß versetzen, ohne daß dieser es bemerkt. Rhythmisch mit kurzem scharfem Zählen eingeteilt zu üben. Der Ellenbogenwinkel soll sich nicht stark verändern. Dann dasselbe nach *unten* mit scharfer Rückfederung. Die Vorstellung, im Tiefpunkt auf ein straff gespanntes Gummi zu schlagen, welches die Bewegung zurückschleudert, kann hier zum Lernen behilflich sein. Besser aber noch die schon erwähnte Vorstellung, daß die Arme an stark gespannten Spiralbändern hängen, die den Schlag in die Ausgangsstellung zurückholen.

Ruhige, schon im voraus ein wenig abdämpfende Bereitschaftsstellung (Tafel III), eine als Vorbereitung ruhig geatmete „Zwei“, ruhige, fließende Halbe schlagen, bei *sehr* ruhigem Zeitmaß durch weiche Handgelenksunterteilung (siehe S. 33 ff.) unterstützt. Während der Fermate wieder allmählich anheben. Abschlagen durch weiches Herunter- und wieder Zurückfallenlassen der Arme (siehe Fig. 4), damit das „n“ ruhig ausklingen kann.

c) a) und b) kombiniert als Konzentrationsübung und Vorübung für Attacca-Einsätze nach Zwischenfermaten, nach dem Abschlagen der Fermate von a) in gespannter Normallage verharren, die aber schon die Ausgangsstellung zur nächsten Vorbereitung einnehmen muß. Lösung der Spannung während der ruhig geatmeten Vorbereitung zu b).

Die Dauer der Zwischenfermate vor dem „Attacca“-Einsatz vor b) ist keineswegs beliebig. Näheres über die sinnvolle Länge solcher Fermaten findet sich im Kapitel II, C, 5 des II. Bandes, Auflage 5.

Diese Übung dient der Erlernung des Wechsels zwischen fixierter und gelöster Bewegungsart, dem *mehrmaligen* Einsatzgeben und Abschlagen auf ganz verschiedene Art, wobei die *Konzentration* des Lernenden bereits auf eine nicht einfache Probe gestellt wird.

d)

Normale lockere Bereitschaftsstellung (Tafel II). Das dritte Halbe leicht fixiert als Vorbereitung. Der Einsatz erfolgt zwischen den Schlägen „Drei“ und „Eins“ und kann mit dem Blick oder einer leichten Handgelenksunterteilung unterstützt werden. Dann fließenden $^{3}/_{2}$-Takt schlagen. Im zweiten Volltakt kann man zur Präzisierung des Rhythmus eine leichte Handgelenksunterteilung auf „Eins“ und „Zwei“ geben (s. S. 33 ff). Fermatenabschlag, wie in der Figur 5 und Beschreibung auf S. 21 angegeben. Es empfiehlt sich, den Schlußpunkt für das halbe „d“ durch kurzen Fingereinschlag zu präzisieren.

Auch diese weich ausschwingende Abschlagsbewegung muß als *gesonderte* Übung *zuvor* behandelt werden, indem man folgendermaßen zählt: *Eins* (Fallenlassen und Ausschwingen) *Zwei* (Ruhe) *Drei* (wieder Anheben zur Vorbereitung des erneuten Fallenlassens). Man lasse dabei die Arme aus der erreichten Höhe fallen — wobei der Ellenbogen aber gebeugt bleiben muß, weil im Falle des Ausstreckens der Arme die Auslösung der Bewegung nicht natürlich werden kann —, und *unmittelbar* in derselben ruhigen Bewegung mit einem kleinen Bogen von unten nach vorn aufwärts schwingen, und im weichen Bogen, von vorn kommend bis nahe an den Körper heranschwingend, — Hände schräg übereinander —, ausklingen (siehe auch Fig. 5).

e)

Ausführung: Lockere Bereitschaftsstellung, Vorbereitung auf „Zwei". Bei sicher und leicht reagierendem Chor genügt es, das Einsatzachtel sowie das Weitergehen im Auftakt zum zweiten Takt durch Mitsingen oder -markieren zu unterstützen. Bei mangelner Präzision des Chores empfiehlt sich eine „abspringende" Unterteilung (siehe S. 32 ff.) auf dem Einsatzachtel, bei mangelnder Lockerheit eine Handgelenksunterteilung (siehe S. 33 ff.), bei mangelnder Intensität ein Stauschlag (siehe S. 37 ff.). Im übrigen sind halbe Takte zu schlagen, nötigenfalls unterstützt durch gelegentliche Handgelenksunterteilung.

6. Übung der verschiedenen Taktarten*)

a) $^4/_4$-Takt

*) Die folgenden Beispiele sind — teilweise für den Unterrichtsgebrauch entsprechend abgewandelte, transponierte oder vereinfachte — Ausschnitte aus Werken, deren Schöpfer ursprünglich anonym gelassen worden waren. Wegen der häufigen Nachfrage jedoch mögen die Namen hier folgen: 6, b: J. S. Bach („Jesu, meine Freude"); 6, c: H. Kaminski (130. Psalm); 6, d: L. van Beethoven (Kanon); 6, e: H. Praetorius (Kanon); 6, f und g: K. Othmayer; 6, i: J. Gastoldi; 7, a: O. di Lasso; 7, b: H. Schütz; 8, a: G. Raphael („Erhalt uns, Herr"); 8, b: K. Thomas („Die sieben Kerzen"); 8, c: A. Rauch („All Lust und Freud"); 9, a und b: K. Thomas („Die sieben Kerzen" und „Weihnachtsoratorium").

Normale Bereitschaftsstellung, knappe Vorbereitung auf „Drei“, Einsatz auf „Vier“. Leicht fixierter $^4/_4$-Taktschlag, kleine Bewegungen mit Steigerung auf den zweiten Takt hin. In der zweiten Hälfte des zweiten Taktes wegen der gebundenen Betonung schwingende Bewegungen mit Zurücknahme auf die unbetonte „Drei“ hin. In dem ganzen Beispiel entsteht regelmäßig auf die „Eins“ der geraden Takte eine Spannungssteigerung mit nachfolgendem Abklingen. Dies ist jeweils durch Vergrößerung und Vorverlegung der Bewegungen und nachfolgendem Zurücknehmen zum Ausdruck zu bringen. Beides darf — wie mehrfach erwähnt — nicht nur aus den Armen oder aus der Hüfte allein geschehen, sondern muß aus ganz elastischem Mitgehen des ganzen Körpers (von den Zehenspitzen her!) entstehen. Im vierten Takt muß die „Drei“ für das harte Schluß-„d“ besonders präzis geschlagen und kann durch Fingereinschlag (s. S. 40) verstärkt werden, keinesfalls aber durch Bewegungen, welche die genaue Taktfigur beeinträchtigen oder den Schlußkonsonanten zu einem isolierten Selbstzweck machen. Im Schlußtakt gilt die „Drei“, versehen mit einem kurzen Fingereinschlagen, gleichzeitig als Abschlag. Als Bewegungsvorübung empfiehlt sich gleichzeitiges Singen und Schlagen des Anfangs „Ich ging an einem Frühmorgen“ mit unmittelbar anschließenden Wiederholungen. Über das Ansummen dieses Beispiels lese man Kapitel VII B 13 nach!

b) $^3/_4$-Takt

Lockere, nur ganz wenig gespannte Bereitschaftsstellung. Vorbereitung auf „Drei", Einsatz auf „Eins". Fließender $^3/_4$-Taktschlag, der je nach dem Verlauf des betreffenden Taktes im Ausdruck abzuwandeln ist. So wird man Takt 1 und 2 fließend und gebunden zu schlagen haben, ebenso Takt 4 und 6—9. Die „Zwei" und „Drei" der Takte 3 und 5 hingegen verlangen für die Deklamation eine leicht fixierte Bewegung. Die angegebenen Ausdruckscrescendi unterstütze man durch leichtes Vorverlegen und nachträgliches Wiederzurücknehmen der gesamten Bewegung.

Man versuche nun schon, die Stimmen zu „führen", und zwar abwechselnd diejenigen, welche jeweils das Entscheidende zu sagen haben. Die punktiert gekennzeichnete „Dirigierstimme" (siehe S. 109), die man auch „Führungslinie" nennen könnte, gibt an, wohin man sich jeweils zu wenden hat. Das Mitsingen oder Markieren der Dirigierstimme ist hierbei unerläßlich (siehe S. 40).

Das Abschlagen des Beispiels — welches allerdings in Wirklichkeit auf „Eins" weitergeht, geschieht dadurch, daß man die der letzten Note folgende „Eins" gleichzeitig als Abschlag benutzt und zu diesem Zwecke mit einem leichten Einschlagen der Finger (siehe S. 40) fixiert.

c) $^6/_8$-Takt

„Abdämpfende“ Bereitschaftsstellung. Um der Vorbereitung mehr Deutlichkeit und Konzentration zu verleihen, empfiehlt es sich, die „Vier“ nicht zu weit außen zu schlagen, obgleich dann die Figur des ersten halben Taktes der eines Dreiachteltaktes ähnelt. Ruhig schwingender $^6/_8$-Taktschlag, zunächst abdämpfend mit einem Vorverlegen und Wiederzurücknehmen auf den Dehnungsakzent auf „Eins“ des ersten Haupttaktes hin, dann ohne Abdämpfung gebunden weiterschlagen, steigern und fortlaufend stärkere, scharfe Akzente auf den vier Anrufen „Herr“ geben, den Akzent auf „Eins“ des dritten Taktes sehr schwer, im Sinne der Beschreibung auf S. 40. Zwischen jedem der Akzente wird ein kurzes, mit Spannung erfülltes Absetzen — eine Stauung im Rückfederungspunkt — entstehen müssen, welches durch eine entsprechende Bewegung zu unterstützen ist.

Vom dritten Takt an wieder abebben lassen durch Zurücknehmen der Bewegung. Takt 4 bis 6 unter Beachtung der Ausdruckscrescendi fließend schlagen. Der sechste Schlag des letzten Taktes kann, mit Fingereinschlag versehen, als Abschlag dienen, obwohl die letzte Note auf „Stimme“ wegen des kurzen Schlußvokals etwas verkürzt werden muß. Es ist besonders auf genaue Einhaltung der Taktfigur zu achten, obwohl vom 3. Takte an die Wortschwerpunkte stets auf „Vier“ statt auf „Eins“ fallen, da das Beispiel — genau genommen — unrichtig notiert ist.

Als Vorübung für Spannen und Entspannen der Bewegung empfiehlt es sich, mehrfach zu wiederholen: für die Übung der Akzentgebung ist die mehrfache Wiederholung der Takte 2 und 3 ratsam.

d) $^2/_4$-Takt

Kanon

Erst einstimmig, dann als Kanon zu üben. Gespannte Bereitschaftsstellung. Fixierter Schlag auf „Zwei" als Vorbereitung, worauf der Einsatz zwischen den Schlägen bei intensiver Tempovorstellung und genügender Präzision des Schlages von selbst erfolgt. Scharfe Akzente (>) und Dehnungsakzente (—) beachten (s. S. 38 ff).

Beim Dreistimmigsingen Einsätze für die zweite und dritte Stimme des Kanons geben, indem man genau im gleichen Augenblick, in welchem man der ersten Stimme die Vorbereitung gab, sich der neuen Stimme zuwendet, — also auf „Zwei".

Nach mehrmaligem Durchsingen des Kanons gebe man — da beim klassischen Kanon alle Stimmen gleichzeitig schließen — auf „Eins" des dritten Haupttaktes ein vorbereitendes Schlußzeichen — etwa durch Heben der linken Hand mit warnendem Zeigefinger —, halte eine gemeinsame Fermate aus und schlage ab.

Dies Beispiel läßt sich gut dazu verwenden, durch Steigerungen, Abschwächungen, plötzliches forte und piano die Wirkung der eigenen Bewegungen zu erproben. Man „führe" jeweils die Stimme, die den Text vorträgt.

e) Bewegter $^3/_2$-Takt

Erst einstimmig, später als Kanon zu üben. Gespannte Bereitschaftsstellung. Wuchtig fixierter $^3/_2$-Schlag. Vorbereitung auf „Drei", Einsatz auf „Eins".

Beim Vierstimmigsingen Einsätze geben, indem man sich jeweils wieder der folgenden Stimme genau in dem Moment zuwendet, in dem man der ersten die Vorbereitung gab, — also auf „Drei" —.

Die Dirigierstimme lautet sehr einfach:

Man hat sich also von Takt zu Takt einer neuen Stimme zuzuwenden. Nach mehrmaligem Durchsingen gibt man den zum Ende gelangten Stimmen nacheinander ein Schlußzeichen. Schwierigkeiten macht der Umstand, daß die erste Stimme am Ende ist, während die vierte noch einen Einsatz auf „Führ uns“ bringt. Es empfiehlt sich, den Schlußton von den ersten drei Stimmen aushalten zu lassen, bis auch die vierte Stimme zu Ende gelangt ist — beim alten Kanon hören die Stimmen nacheinander auf —, worauf man die gemeinsame Fermate scharf abschlägt.

f) „Alte“ Schlagart

Die Schlagweise der alten Musik, in der die Takteinteilung noch nicht festgelegt war, besteht in einem dem Pulsschlag entsprechenden gleichmäßigen Schlagen. Die hier vorgenommene „Takt“-Gliederung folgt dem Wortakzent, so daß man erst drei $^2/_2$-„Takte“, dann einen $^3/_2$-„Takt“ und dann wieder zwei $^2/_2$-„Takte“ schlagen könnte.

Im vierten Takt entstehen scheinbare Synkopen, die aber keinesfalls als solche wirken dürfen — eben weil die alte Musik unser Takt-Akzent-Empfinden nicht kennt —, sondern durch eine groß ausschwingende Bewegung auf den natürlichen Wortakzent zurückzuführen sind.

Wenn nötig, kann der Wortakzent auf „freien“ durch den Blick, eine kurze Kopf- oder Ellenbogenbewegung unterstützt werden.

Leicht gespannte Bereitschaftsstellung, Vorbereitung auf „Eins“, Einsatz nach „Eins“. Im dritten Takt auf „Zwei“ Einsatz für die Oberstimme geben. Um von vornherein alle Gesetze des Taktschlagens, wie sie auch beim Orchesterdirigenten gelten, zu beachten, empfiehlt es sich im Sinne der im Kapitel I, C, 1 des III. Bandes (siehe dort!) genauer begründeten Auftaktgesetze, eine vollkommen passive anhebende Bewegung vor der geatmeten „Eins“ zu geben.

Der erste, leicht deklamierte Teil ist mit etwas fixierter, der zweite, auf Bindung gestellte Teil mit ausschwingender Bewegung zu schlagen. Besondere Beachtung verlangt das „t“ bei „lebt“ im dritten Takt, welches durch Fingereinschlag (siehe S. 40) auf „Zwei“, aber auch hier keinesfalls durch eine das gleichmäßige Schlagen behindernde Sonderbewegung geschehen kann.

g) „Alte“ Schlagart

Hier liegen die gleichen Probleme vor, jedoch entstehen der Wortbetonung nach zunächst drei $^3/_2$-Takte, dann ein $^2/_2$-Takt und wieder $^3/_2$-Takt. Im dritten Takt ist der Unterstimme der Einsatz zu geben. Der Abschlag des „t“ ist in der gewohnten Weise auszuführen.

Hier ist die vorgenommene „Takt“gliederung bereits problematischer als in dem *vorigen* Beispiel, in welchem in beiden Stimmen die *gleiche* Betonung vorlag, während *hier* die Unterstimme bereits *andere* Betonungen aufweist als die Oberstimme. Wenn hier die Einteilung so vorgenommen würde, wie es geschehen ist, so *deshalb*, weil die *Oberstimme* als *wichtiger* erschien. Bei Ausgaben alter Musik wird man — wie im letzten Kapitel des III. Bandes ausgeführt — die Orientierungsstriche *gleichmäßig* setzen, als Gitterwerk gleichsam, in das sich die vielfältigen Linien der Musik in sinnvoller Betonung einordnen.

h) f) und g) kombiniert als *Konzentrationsübung* in bezug auf Einsätze- und Wortakzent-Geben sowie auch hier als Vorübung für attacca-Übergänge nach Zwischenfermaten. Der Abschlag des ersten Teiles ist dann entweder gleichzeitig als geatmete Vorbereitung des zweiten Teiles einzurichten, oder aber man setzt mit abwehrender Geste vollkommen ab und gibt einen völlig neuen Einsatz. (Näheres über die Behandlung der Zwischenfermaten findet sich im II. Bande (5. Auflage) Kapitel II, C, 5.

i) Der „alte“ Dreiertakt

Der stets bewegte Dreiertakt der alten Musik ist u.a. wie ein Zweiertakt zu schlagen, bei dem aber der zweite Schlag jeweils erst auf „Drei“ erfolgt; also schwerer Schlag auf „Eins“, leichter Schlag auf „Drei“. Das zweite Halbe wird in der im Kapitel II, B, 4 besprochenen „Tüten form“ angedeutet.

Zur genauen Festlegung des Zeitmaßes empfiehlt es sich jedoch im vorliegenden Beispiel, im e r s t e n Takt drei Halbe mit ganz knappen Bewegungen a u s z u s c h l a g e n und dementsprechend eine Halbe als Vorbereitung zu geben.

Im folgenden werden ganze Takte geschlagen. Die Bewegung geht auf „Eins“ abwärts mit gleichzeitigem Zurückfedern nach oben. Die „Drei“ wird durch Handgelenksunterteilung (siehe S. 33 ff.) angegeben. Als Vorübung hierzu übe man nochmals die Handgelenksunterteilung in der oben beschriebenen Weise, nur mit dem Unterschied, daß der obere Wendepunkt der Armbewegung und damit das Schnellen des Handgelenks sich erst auf „D r e i“ vollzieht. Siehe S. 37.

In den letzten vier Takten empfiehlt es sich, dem dritten Schlag etwas mehr Schwere zu geben, um die erforderliche Wirkung des Tänzerischen zu erzielen, was dadurch geschieht, daß man die auf S. 18, Figur 2 a dargestellte „Tüten“bewegung anwendet.

Viele Probleme in einem kurzen Beispiel, deren Beherrschung mancher ähnlichen Stelle in der alten Chorliteratur zugute kommt! Zur Erlangung größerer Sicherheit in diesem Wechsel empfiehlt sich folgende V o r ü b u n g: Je drei Takte Ganze, dann handgelenksuntergeteilte Ganze, dann „Tüten“bewegung „Eins-Drei“, dann ausgeschlagene $^3/_2$, dann gleich anschließend dasselbe in umgekehrter Reihenfolge usw. zu schlagen.

Hierbei muß wieder besonders darauf geachtet werden, daß die einzelnen Bewegungen immer kleiner sein müssen, je zahlreicher sie innerhalb eines Taktes sind. Die Vorstellung, daß die Gesamtfigur jedes Taktes, als ausgelegte Schnur gedacht, gleich lang sein sollte, mag auch hier die Richtigkeit dieser Forderung veranschaulichen. Demnach muß der Ganze-Schlag am größten, der Handgelenksschlag etwas kleiner, der „Tüten"schlag noch kleiner und der Drei-Schlag am kleinsten sein. Siehe auch als Analogie Figur 13 und 14 auf S. 30.

k) Freie melodische Linie

Hier soll das Führen einer Linie ohne festgelegte Takteinteilung geübt werden und insbesondere das Zusammenfassen der in sich geschlossenen Textabschnitte durch Weiterzielen der Bewegung auf die Spannungshöhepunkte hin. Ferner sind die Atemstellen durch kurzes Anheben der Bewegung zu kennzeichnen. Die Bewegung muß hier wie bei jeder Melodie, die immer wieder auf bestimmte Töne — hier „h" und „e" – zurückkehrt und daher leicht detoniert (siehe S. 103) ein dauerndes lockeres Anheben in sich tragen, um diesen Fehler zu vermeiden. Scheinbar muß die Bewegung beim Chordirigieren mehr nach oben als nach unten führen. Eine nach unten drückende Bewegung, entstanden aus einer zu geringen Rückfederung jedes Schlages, würde sich hier ganz besonders ungünstig auswirken.

Es empfiehlt sich, in diesem Zusammenhang schon einmal — wie es dann im späteren Verlauf des Studiums ausführlicher geschieht (siehe II. Band, Kapitel I, B, I) — dem Lernenden Wege zu weisen, mit einer singenden Gemeinschaft einstimmige Lieder oder Kanons auswendig zu erarbeiten. Es geschieht dies am besten dergestalt, daß jeweils einer aus der in einem Kurs zusammengefaßten Gruppe Lernender unter Aufsicht des Lehrenden den andern Teilnehmern die Beherrschung eines ihnen unbekannten Liedes vermittelt. Damit wird schon jetzt die Unbefangenheit des Lernenden geschult, da er — unterstützt durch entsprechende Bewegungen — vorsingen, vorsprechen und — soweit nötig — Gedächtnisstützen geben muß. Das Verfahren ist je nach Auffassungsgabe der Singenden sowie Schwierigkeit und Länge des Liedes, — welche man nie unterschätzen sollte! — etwas verschieden, wird aber im wesentlichen folgendermaßen ablaufen:

Der Singleiter — wenn wir ihn schon einmal so nennen wollen — singt das ganze Lied zunächst einmal vor, am besten jetzt schon unterstützt durch schlichte verdeutlichende Bewegungen, besonders bei schwierigen Intervallschritten. Diese Bewegungen werden zunächst keine Taktierbewegungen im gewohnten Sinne sein dürfen, sondern sie sollen Verdeutlichung der Tonhöhen bedeuten. Wenn man nicht mit den Tonika-Do-Handzeichen arbeiten kann oder mag, so genügt es vollkommen, sich an seinem eigenen Körper eine Skala vorzustellen, wobei es wichtig, aber für den Anfänger nicht einfach ist, den gleichen Ton stets ganz genau an der gleichen Stelle anzugeben und dadurch den Singenden eine nicht zu unterschätzende Stütze zu verleihen. Bei einem Liede mit dem Umfang von Grundton zu Grundton wird sich der untere Grundton zweckmäßig etwa in Höhe der Hüfte, der obere in Stirnhöhe befinden. Bei Liedern mit dem Umfang von Dominante zu Dominante wird die untere und obere Dominante in den angegebenen Höhen anzugeben sein.

Ist das Lied vorgesungen und damit als Ganzheit bekannt, so singe man den ersten Teil nochmals vor und lasse ihn mehrmals nachsingen. Dieser erste Teil sei keinesfalls zu lang. Im vorliegenden Falle — „Aus tiefer Not" — dürfte er nicht über das erste Atemzeichen hinausgehen. Erst wenn dieser erste Abschnitt vollkommen sicher beherrscht wird, folge der zweite, der bis zum Doppelstrich führt. Ist dieser in sich erarbeitet, so singe man zur Sicherheit und um größere Zusammenhänge zu schaffen, bis dahin nochmals die ersten beiden Teile zusammenhängend vor und lasse sie nochmals nachsingen. Und so verfahre man Abschnitt für Abschnitt weiter, bis das ganze Lied zum Besitz geworden ist.

Zur Verlebendigung der Arbeit, zur stimmlichen Entlastung und gleichzeitig zwecks Verdeutlichung des natürlichen Sprachrhythmus empfiehlt es sich — besonders vor der Erarbeitung von Wiederholungen mit neuem Text (hier: „... Dein gnädig Ohr ...") oder gar ganzer weiterer Verse — den Text gemeinsam sprechen zu lassen. Dies gemeinsame natürlich fließende Sprechen wird am besten zum Erfolg führen, wenn es durch sinngemäße Bewegungen unterstützt wird. Dies geschieht durch ganz gelöste Bewegungen, die aus ineinandergreifenden in Größe und Zeitmaß ungleichen Bögen bestehen.

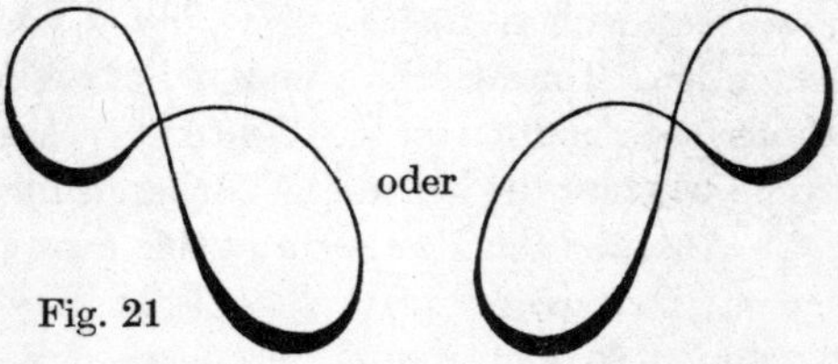

Fig. 21

Je nach Aufeinanderfolge der Wortbetonungen muß die Innen- oder die Außenbewegung mehr Schwung und Größe erhalten. Im allgemeinen eignet sich der Schlag nach innen besser für Hauptbetonungen, besonders in Verbindung mit Stimmsenkung. Aber bei unregelmäßigen Betonungen ist auch gelegentlich das Umgekehrte möglich. Zur Verlebendigung trägt ein Ineinandergreifen der Bewegung beider Hände wesentlich bei. Aus diesen Bewegungen wachsen dann allmählich die Betonungsbewegungen heraus, die Wort- und Schwerpunktsakzente wieder an Stelle der erwähnten, beim Lernen einer Melodie notwendigen Tonhöhenmarkierungen treten.

7. Übungen im Einsätzegeben

Die Übung besteht darin, daß man sich genau einen Schlag vor jedem Einsatz der neu eintretenden Stimme zuzuwenden hat, wie es schon früher bei den Kanoneinsätzen geübt wurde. Während dieses Hinwendens zu der neuen Stimme wird ihr die geatmete Vorbereitung gegeben; im übrigen besteht die Aufgabe darin, an Hand der durch die punktierte Linie angegebenen „Dirigierstimme", („Führungslinie") — die, wenn nicht mitzusingen, so doch zu markieren ist —, die Stimmen zu führen. Die Dirigierstimme folgt den Einsätzen und im späteren Verlauf der jeweils rhythmisch schwierigsten oder melodisch bedeutungsvollsten Stimme. Zu schlagen sind, entsprechend der Wortbetonung, drei Halbe, vom vorletzten Takt an vier Halbe. Auch hier folgt die „Takt"einteilung der Wortbetonung, während dies Stück in den meisten Ausgaben von Anfang an in $^4/_2$-Gliederung erscheint.

Eine weitere gute Übung besteht darin, daß man die Aufstellung der Stimmen verschieden einrichtet (siehe Kapitel über Aufstellung des Chores S. 136 ff.), um den Lernenden Gelegenheit zu erneuten Konzentrationsübungen zu geben.

Schwieriger in den Einsätzen und komplizierter im polyphonen Geschehen, stellt die folgende Übung keine grundsätzlich neuen Probleme. Man schlage diesen Satz zunächst in Vierteln, wobei es keine Rolle spielt, ob man $^4/_4$- oder $^8/_4$-Taktfiguren schlägt — das erstere ist sinnvoller! —, später in ruhig schwingenden Halben (am besten $^2/_2$-Figur) mit weicher Handgelenksunterteilung, die an den beiden Stellen mit den punktierten Vierteln leicht, aber deutlich fixiert werden muß. Die endgültige Lösung besteht darin, zwischen Halben und Vier-

b)

teln zu wechseln (siehe auch die Beispiele im Kapitel „Hohe Schule“ des II. Bandes) dergestalt, daß überall da, wo eine Viertelpause steht, ein Unterteilungsschlag für die wieder einsetzende Stimme eingefügt wird. (Siehe Fig. 16, S. 32).

Auch für dieses Beispiel wird die verschiedenartige Aufstellung eine nutzbringende Übung sein.

Als Vorübung für den Wechsel von Halbe- und Viertelschlag empfiehlt es sich, bei gleichzeitigem ständig wiederholtem Singen des Ausschnittes

die hier entstehende Schlagfigur 16 b (S. 32) zu schlagen, während die Figur für den ebenso einzeln vorzuübenden Ausschnitt

der Figur 16 c entspricht.

Das punktierte Viertel der Mittelstimme mit den folgenden zwei Sechzehnteln im 3. „Takt“ kann an Stelle der Handgelenksunterteilung (siehe S. 33 ff.) auch durch „Stauschlag“ (siehe S. 37 ff.) unterstützt werden.

8. Übungen für Taktwechsel

a) con moto

Dieses der Übung eines ganz sicheren Umspringens mit den Taktarten und der Übung der Konzentration und des Auswendiglernens überaus förderliche Beispiel ist wegen der Bewegtheit des Zeitmaßes mit ganz kurzen, knappen, scharffedernden Viertelbewegungen mit besonders deutlicher „Eins“ zu schlagen. Die Tatsache, daß auf jeden Taktstrich ein Wortakzent folgt, erleichtert die Ausführung wesentlich.

Die Duolen im fünften und sechsten Takt mit der linken Hand auszuschlagen, ist wegen des raschen Zeitmaßes kaum möglich und wird daher besser durch intensive Vorstellung und ganz kleine ruckartige Kopfbewegungen ersetzt werden.

Im $^2/_4$-Takt (Takt 16) lasse man das Rückfedern jedes Schlages am besten weg und schlage nur scharf herunter und wieder herauf.

Das Entsprechende kann auch in dem $^4/_4$-Takt (Takt 9) geschehen. Es entsteht dann die im Kapitel „Hohe Schule“ des II. Bandes (5. Auflage) dargestellte und erläuterte Figur. Die beiden $^5/_4$-Takte lassen sich wegen des Kommaeinschnittes dergestalt ausführen, daß man eine gutgefederte „Eins“ und anschließend einen ungefederten Vierertakt schlägt.

Es empfiehlt sich in diesem und im folgenden Beispiel, vor der ersten „Eins“ im Sinne der Orchesterpraxis eine anhebende, unge-

atmete, passive Auftaktbewegung zu machen. Näheres in dem Abschnitt über den „Auftakt“ (III. Band, Kapitel I, C, 1).

Über das Ansummen in diesem und dem folgenden Beispiel lese man in Kapitel VII, B. 13, S. 134 ff. nach.

Ganz im Gegensatz zu dem vorangehenden Übungsbeispiel ist das vorliegende mit weichen, ruhig schwingenden Bewegungen zu schlagen. Die Achteleinsätze im ersten Takt verlangen eine deutliche Handgelenksunterteilung, ebenso die Achteleinsätze des dritten Taktes und der synkopische Einsatz in der Unterstimme des vierten Taktes.

Der $^3/_2$-Takt muß mit weit ausladenden Bewegungen — auf keinen Fall $^6/_4$-Bewegung, sondern untergeteilter $^3/_2$-Schlag — zu dem Höhepunkt auf „Eins“ des vierten Taktes hingeführt werden. Das Gegeneinander von Triolen gegen Achtel kommt bei großschwingender Bewegung und intensiver rhythmischer Vorstellung des Dirigierenden im Chor ganz von selbst. Dirigierstimme selbst anfertigen!

c)

Gespannte Bereitschaftsstellung. „Drei" als Vorbereitung. Takt 1 ist auszuschlagen. Takt 2—3 sind wie in den letzten Takten des Beispiels 6 i zu schlagen, d. h. also in der auf S. 18 dargestellten Art. In der ersten Hälfte des 4. Taktes Halbe mit weit ausschwingenden oder handgelenksunterteilten Bewegungen schlagen. In Takt 7 Viertel schlagen, dann Takt 8—10 wieder nur die „Eins" und „Drei" in der oben angegebenen Weise.

Takt 11 erste Hälfte handgelenksuntergeteilte Halbe, dann gewöhnliche Halbe bis zum Schluß, in Takt 13 aber das letzte Viertel ausschlagen, um ein natürliches Hineinlaufen in den Schluß zu ermöglichen. Beim $^{3}/_{4}$-Takt wegen der Schnelligkeit naturgemäß stets kleine, beim $^{2}/_{2}$-Takt hingegen ausschwingende Bewegungen! Dirigierstimme selbst anfertigen!

Als Vorübung möge folgendes dienen:

Bei der Ausführung dieses rhythmischen Gebildes zunächst Halbe schlagen, in der zweiten Hälfte des 2. Taktes Handgelenksunterteilung, im 3. bis 4. Takt Viertel, im 5. bis 6. Takt „Eins — Drei" in der oben angegebenen Weise — zur Abwechslung kann man auch im Takt 5 und 6 Ganze mit Handgelenksunterteilung auf „Drei"

schlagen (siehe S. 37) —, Takt 7 erste Hälfte wieder untergeteilte Halbe, dann gewöhnliche Halbe bis zur Wiederholung usw.

9. Polyrhythmen

langsam üben!

7/8 drück

Anfang Mitte Ende üben!

mit Metronom

Zu diesem Gegeneinander zweier verschiedener Rhythmen, die des ruhigen Zeitmaßes wegen unbedingt ausgeschlagen werden müssen, ist eine starke Unabhängigkeit der Arme vonnöten.

Als Vorübung empfiehlt sich folgendes: Man gehe oder zähle bewegten Dreiertakt und dirigiere dazu $^2/_4$ und $^4/_4$. Man dirigiere $^3/_4$ oder $^6/_4$ und gehe oder zähle dazu Zweiertakt.

Zu einem im bewegten $^3/_4$- oder $^6/_4$-Takt stehenden Musikstück schlage man $^2/_4$ und $^4/_4$. Zu einem Musikstück oder einer eigens dazu gespielten Improvisation in ruhigem $^4/_4$-Takt dirigiere man $^3/_4$ und $^6/_4$ und umgekehrt.

Man singe einen bewegten Dreiertakt („Himmel und Erde müssen vergehn") und schlage dazu 2 oder 4. Man singe einen ruhigen Zweiertakt („Wir zogen in das Feld") und schlage dazu 3 oder 6.

Auf die beschriebenen Arten übt man sich in der Vorstellung des Gegeneinanders dieser Taktarten und schafft damit die Grundlage für ihr gleichzeitiges Dirigieren.

Nun übe man sich im Gegeneinanderdirigieren, indem man mit dem einen Arm $^3/_4$, mit dem anderen $^2/_4$, mit dem einen $^6/_4$ und mit dem anderen $^4/_4$ schlägt, zunächst von Takt zu Takt wechselnd, dann gleichzeitig. Dreischlag ganz klein, am besten nur mit dem Handgelenk ausgeführt, Zweischlag ganz groß ausschwingend. Je gegensätzlicher die Bewegungen beider Arme, um so leichter fällt ihre Kombination.

Es empfiehlt sich, die schnellere Grundbewegung — drei bzw. sechs — mit der rechten, die ruhigere Gegenbewegung — zwei bzw. vier — hingegen mit der linken Hand zu schlagen. Da die erstere mehr Präzision erfordert, eignet sich die rechte Hand als die Hand des Verstandes, die ja auch im täglichen Leben alle präzisen Tätigkeiten auszuüben hat, stärker hierfür, während der mehr gefühlsbetonten linken Hand als der „Von Herzen kommenden" das großausschwingende der Gegenbewegung mehr liegt. Die linke Hand wird beim Innenschlag natürlicherweise stets über die rechte geführt. Nur bei ausgesprochenen Linkshändern, d. h. solchen, die auch mit der linken Hand schreiben und essen, könnte ausnahmsweise die umgekehrte Handhabung gestattet werden.

Man beginne beim Üben immer wieder mit den beschriebenen Vorübungen. Die Hauptschläge, die in beiden Armen gleichzeitig vor sich gehen — die „Eins" beim $^2/_4$- und $^3/_4$-Takt, die „Eins" und „Drei" bzw. „Vier" beim $^4/_4$- und $^6/_4$-Takt —, werden zur eigenen Sicherheit und zur Deutlichkeit der Bewegung sehr stark betont.—

Die Dreierbewegung muß stets als Grundlage dienen, da sich der Zweierschlag leicht eingliedern läßt — rechnerisch genau in der Mitte zwischen zwei Dreierschlägen —, während das Umgekehrte fast unmöglich ist.

Nun zu dem vorliegenden Übungsbeispiel selbst!

Im ersten Takt sind mit beiden Händen die 6 Triolenviertel in Form eines $^6/_4$-Taktes auszuschlagen.

Die erste Hälfte des zweiten Taktes wird wie die erste Hälfte eines normalen $^4/_4$-Taktes — mit Handgelenksunterteilung für die Achtel der Unterstimme — geschlagen, in der zweiten Hälfte des zweiten Taktes schlägt die eine Hand die zweite Hälfte eines $^6/_4$-Taktes, die andere dagegen die zweite Hälfte eines $^4/_4$-Taktes.

Von da an geht bis einschließlich Takt 5 die eine Hand durchgehend im $^6/_4$-, die andere im $^4/_4$-Takt, sicherheitshalber auch da, wo tatsächlich keine Triolen vorhanden sind (zweite Hälfte des dritten und fünften Taktes).

Vom Beginn des sechsten Taktes an sind nur noch $^4/_4$-Bewegungen zu schlagen. Vorsicht ist geboten bei den Übergängen vom Dreierschlag zum Zweierschlag und umgekehrt, im Hinblick darauf, daß das Zeitmaß g e n a u eingehalten wird.

Die Führung der Stimmen ist aus der punktierten D i r i g i e r s t i m m e zu ersehen. Der Blick richtet sich bei den Takten, in denen 6 gegen 4 zu schlagen sind, auf „Eins" jeweils auf die Oberstimme, in den übrigen Teilen des Taktes auf die ungleich schwieriger zu führende Unterstimme. Im siebenten und achten Takt sind bei den punktierten Vierteln und der Überbindung Handgelenksunterteilungen angebracht.

Bestehen unüberwindliche Schwierigkeiten im Gegeneinanderschlag der zwei Taktarten, so ist als Ausweg möglich, bis Takt 6 durchgehend (mit Ausnahme der ersten Hälfte des zweiten Taktes) $^6/_4$ zu schlagen, und die Führung der Unterstimme durch Anheben des Ellenbogens oder durch entsprechende Kopfbewegungen zu bewerkstelligen. Eine aktive Empfindung und suggestive Vorstellung des rhythmischen Geschehens ist in j e d e m Falle unumgängliche Voraussetzung.

Die Aufgabenstellung beim folgenden Beispiel ist eine ähnliche wie bei dem vorangegangenen, und die Vorübungen sind die gleichen.

Wesentlich ist, daß hier den Akzentlagerungen nach nicht $^6/_4$-Takt, sondern $^3/_2$-T a k t vorliegt, so daß also untergeteilter Dreiertakt zu schlagen ist. In den Taktteilen, welche die Vierteltriolen enthalten, ist das betreffende Taktdrittel in d r e i Unterteilungen zu zerlegen statt in zwei, an der Stelle, wo gewöhnliche Viertel gegen Triolenviertel stehen — Takt 5 —, teilt die e i n e Hand in 2 unter, die a n d e r e in 3.

Notwendig ist, um sowohl das Taktschema als auch die Unterteilung deutlich ausschlagen zu können, eine große, weit ausladende Bewegung. Besonders beachtet muß wieder werden, daß die Triolen-Viertel im Zeitmaß genau den gewöhnlichen Vierteln entsprechen. Dies kann dadurch geschehen, daß man auch an den Stellen, an denen nur Triolen, aber keine gewöhnlichen Viertel stehen, mit der einen Hand gewöhnliche Viertel weiterschlägt, wodurch man das Zeitmaß ohne jede Schwierigkeit genauestens einzuhalten imstande ist. Auch hier empfiehlt es sich, vor dem auf „Zwei" erfolgenden Vorbereitungsschlag einen passiven Auftakt und eine ungeatmete „Eins" anzudeuten.

10. Weitere Übungsmöglichkeiten

Nach Beherrschung der vorangegangenen Beispiele empfiehlt es sich, Hand in Hand mit der Behandlung der in den folgenden Kapiteln dargelegten Gebiete, die Erarbeitung kleiner Chorsätze durch die Schüler vornehmen zu lassen, zunächst im Kursus, viel später erst vor dem Chore.

Zu diesem Zwecke sind die eigens hierfür zusammengestellten Beispiele im II. Band des vorliegenden Lehrbuchs zu verwenden, sowie die dort im Kapitel „Hohe Schule der Schlagtechnik" gegebenen weiteren Beispiele.

An Hand der zu erarbeitenden Chorsätze müssen natürlich immer wieder alle schlagtechnischen Übungen wiederholt werden.

11. Unbewußtes Dirigieren

Sind nun alle Forderungen an eine „in allen Sätteln gerechte" Schlagtechnik durch fleißiges Üben erfüllt, so kann man getrost mit einem Gefühl der Sicherheit an die Arbeit mit dem Chore gehen.

Eins aber sei am Ende nochmals betont: Alles Gelernte muß so sicherer und selbstverständlicher Besitz werden, daß es aus der Sphäre des Bewußtseins wieder ins Unbewußte hinabversenkt werden kann.

Ein bewußtes Denken an die Bewegungen während der Probenarbeit oder während des Gestaltens eines Kunstwerkes wäre Torheit. Aber bei vollendeter Beherrschung der Schlagtechnik wird sich in jedem Augenblick die richtige Bewegung von selbst einstellen. Es kommt letzten Endes nicht auf die einzelnen Bewegungen an, deren vollkommene Beherrschung notwendige Grundlage ist, sondern auf den Gestaltungswillen und die Klangvorstellung des Dirigierenden.

Nicht an die Schwierigkeiten schlagtechnischer Art darf der Dirigierende denken, sondern nur an die klangliche und rhythmische Gestaltung, die er erreichen will, an das Ziel seiner Arbeit.

Wer ängstlich an die Schwierigkeiten denkt, dem wird es gehen wie dem lernenden Skiläufer oder Radfahrer, der von dem lähmenden Gedanken befallen wird: „Um Gottes willen, da steht ein Baum, da steht ein Baum . . .", und schon ist er dagegen gerannt! Hätte er aber unbeirrt und furchtlos an den erstrebten Weg gedacht, so wäre er nicht über das Hindernis gestürzt.

So auch beim Dirigieren: das Beherrschen der Technik vorausgesetzt, nur mutig an das Ziel denken, niemals an die Schwierigkeiten, die sich etwa dazwischenstellen könnten; so, und nur so wird die Beherrschung des Chores und eine von Verantwortung getragene Gestaltung des Werkes erreicht werden können.

Es ist bewußt unterblieben, hier auf alle die Möglichkeiten einzugehen, wie man nach vollendeter Beherrschung des schlagtechnischen Rüstzeuges zu einer freien und vom eigentlichen Taktschlagen losgelösten Dirigiertechnik vordringen kann. Es wäre zweifellos verfehlt, im Unterricht Bewegungsmöglichkeiten, die über das Maß des allgemein Gültigen hinausgehen, bewußt zu machen und zu lehren. Jeder gut veranlagte Dirigent wird sich naturgemäß im Laufe der

Praxis Bewegungen aneignen, die sich mehr und mehr vom strengen Taktschlagen entfernen, je sicherer er und der ihm anvertraute Apparat über der Sache stehen, und wird sich mehr und mehr der Linienformung und Ausdrucksgestaltung zuwenden. Aber es liegt für den Lehrer zweifellos eine Gefahr darin, seinen Schülern diese ganz individuell verschiedenen Formen aufzuzwingen, ebenso wie für den Lernenden eine ganz große Gefahr darin liegt, sich ohne vorherige restlose Beherrschung des schlagtechnischen Rüstzeuges um diese letzten Dinge des Dirigierens zu bemühen, die unbewußt in ihm wachsen müssen.

12. Zwanzig Minuten Morgengymnastik für Chorleiter

Hier möge nun ein täglicher Gymnastikplan für Chorleiter Platz finden, der, regelmäßig und richtig angewandt, in seinem Wechsel von Lockerungs- und Spannungsübungen, sowie von Übungen der verschiedenen Muskelgruppen, die Voraussetzungen schafft für alle schwung-, lockerungs-, spannungs- und kräftemäßigen Erfordernisse einer lebendigen Schlagtechnik.

Es empfiehlt sich, zunächst die Schwung- und Lockerungsübungen (Nr. 1, 5, 6, 8, 10, 11, 12) zu erarbeiten und erst dann allmählich die Spannungs- und Muskelübungen (Nr. 2, 3, 4, 7, 9) einzufügen, bis der gesamte Plan erarbeitet ist und von dem Augenblick an in seiner Gesamtheit und in der angegebenen Reihenfolge zur täglichen Frühgymnastik gemacht wird. Wenn erst der Muskelkater der ersten Tage überwunden ist, so wird diesen Übungen, die natürlich, wenn nicht im Freien, so mindestens am weit offenen Fenster zu machen sind, eine Fülle von Kraft, Arbeitsenergie und Lebensfreude entströmen.

Vor oder auch zwischen und nach den beschriebenen Übungen empfiehlt es sich dringend, Atemübungen zu machen, wozu man Leo Koflers „Kunst des Atmens“ (Breitkopf & Härtel), das Standardwerk der Atemkunst, als Grundlage nehme.

1. Gesamtauflockerung. Dauerlauf oder Hüpfen, letzteres abwechselnd mit leicht vorgeneigtem Oberkörper und weit nach hinten geschleuderten, am Rückenende anschlagenden Hacken, sowie mit aufrechter Haltung und Hochschleudern der Beine mit Anschlagen der Knie an die Brust. Die Schultern stets locker und die Arme frei schlenkern lassen!

2. Erzielung der Armspannung. Immer abwechselnd viermaliges nach hinten und gleichzeitig ein wenig Aufwärtsschlagen der seitlich ausgespannten Arme mit nach oben gekehrten Handflächen unter gleichzeitigem Einatmen, dann viermaliges nach hinten

und ein wenig Abwärtsschlagen der im Ellenbogengelenk scharf gebeugten Arme mit nach unten gekehrten Handflächen, wobei die Daumen zunächst vor der Brust liegen, unter gleichzeitigem Ausatmen.

3. Stärkung der Bauchmuskulatur. Auf dem Rücken liegend, Arme seitlich eingestemmt, mit beiden bis zu den Zehenspitzen ausgestreckten Beinen in der Luft langsam große symmetrische Kreise beschreiben, fünfmal von außen nach innen, und fünfmal von innen nach außen.

4. Stärkung der Armmuskulatur. Liegestützübung: Den auf die flachen Hände gestützten, ganz gerade vom Nacken bis zu den Füßen ausgestreckten Körper zehnmal langsam herablassen und wieder heraufstützen. Beim Herablassen ein-, beim Heraufstützen ausatmen.

5. Übung der verschiedenen Taktarten. Abwechselnd jeweils 2 Takte in lockerer Haltung (Standbein — Spielbein) groß ausschwingend, dann bei ganz gespanntem Körper (Hacken zusammen!) scharf fixiert.

6. Wechsel von Lockerung und Spannung. Stehend Arme seitlich ausstrecken mit ganz angespannter Gesamtmuskulatur, dann plötzlich völlig lockern und die Arme entspannt fallen lassen. Anschließend dasselbe mit nach vorn gestreckten Armen, und endlich mit nach oben gestreckten Armen mit gleichzeitigem Auf-die-Zehenspitzen-gehen, worauf man den ganzen Körper gänzlich entspannt in eine gehockte Stellung fallen läßt. Beim Spannen ein-, beim Lockern ausatmen.

7. Übung der Beinmuskulatur. Mit vorgestreckten Armen in die Kniebeuge gehen, und zwar in 4 bis 5 „Zeiten" herunter, dann wieder halb herauf, wieder herunter und so fort. In jeder Stellung eine Zeitlang verweilen und einmal ruhig ein- und ausatmen. Anschließend einige Male locker springen und die Arme in die Luft schleudern.

8. Lockerung des Oberkörpers. Mit durchgedrückten Knien (Beine zusammen!) etwa 15mal bei gänzlich lockerem Oberkörper und Armen mit den Fingerspitzen auf den Boden stoßen, dann ebensooft bei leicht gespreizten Beinen mit den Händen zwischen den Beinen hindurch und möglichst weit hinten auf den Boden stoßen. Schultern ganz locker lassen!

9. Übung der Bauchmuskulatur. Auf dem Rücken liegend — die Füße leicht unter einem Schrank oder dergleichen eingestützt —, bis zu 10mal den Oberkörper mit unter dem Kopf verschränkten Armen langsam aufrichten und wieder herunterlassen und so fort,

ohne sich zwischendurch auszuruhen, Kreuz hohl! Beim Aufrichten aus-, beim Herunterlassen einatmen.

10. Schlagtechnische Übungen. Wir üben die Handgelenksunterteilungen (siehe S. 33 ff.) erst allein, dann mit Taktschlagen kombiniert,

oder: Den Übergang von schnellen Halben in ruhige Achtel und zurück (siehe S. 37),

oder: Die kombinierte Übung der Dreitakt-Schlag-Möglichkeiten (siehe S. 50),

oder: Die Grundtypen der Abschlagsbewegungen (siehe S. 20/21),

oder: „Drei" gegen „Zwei" und „Sechs" gegen „Vier" (siehe S. 61 ff.).

11. Lockerung der Arme. Oberkörper seitlich leicht vorneigen, zunächst rechts; dabei den rechten Arm herabhängen lassen, durch einen Oberkörperstoß in Schwung versetzen und gänzlich locker und passiv auspendeln lassen. Dasselbe links.

12. Schwung- und Lockerungsübungen für den gesamten Körper. Anfangsstellung mit leicht gespreizten Beinen und senkrecht erhobenen Armen einnehmen. Dann bei durchgedrückten Knien den Oberkörper entspannt nach vorn herabfallen und die Arme zwischen den Beinen hindurch und wieder zurückschwingen lassen. Während des Zurückschwingens kurz auf die Zehenspitzen gehen! Im Augenblick, in dem beim Zurückschwingen die Arme wieder in Bauchhöhe gelangt sind, wobei also der Oberkörper halb aufgerichtet ist, geht man rasch ein wenig in die Knie und schleudert Oberkörper und Arme durch das Wiederausstrecken der Knie mit starkem Schwung weit nach hinten und von da aus im selben Schwung wieder hoch, womit dann die Anfangsstellung erreicht ist. Unmittelbar beginnt die ganze Übung von vorn und wird etwa 12mal wiederholt. Das Ganze muß eine große einheitliche Schwingbewegung werden. Beim Herabfallenlassen des Oberkörpers aus-, beim Rückwärts-aufwärtsschleudern einatmen.

13. Konzentrationsübungen

Hier mögen noch einige aus den praktischen Notwendigkeiten erwachsene und im Unterrichtsgebrauch bewährte Übungen folgen, die einerseits die Schlagtechnik befestigen, andererseits die Konzentration und Unabhängigkeit der Arme und Hände so üben, daß bei ihrer Beherrschung ein großer Schritt auf das Ziel einer lebendigen, zeitsparenden und erfolgreichen Probenarbeit — besonders für Proben von Chorwerken mit Orchester — hin getan ist.

Mehrstimmige, zunächst einfachere, dann schwierige und später auch mit Taktwechsel versehene polyphone Chorpartituren werden unter anderem in folgender Weise behandelt:

1. Der Baß wird mit der linken Hand — abwechselnd sitzend und stehend — gespielt, dazu eine der Mittelstimmen gesungen, unter dauerndem gleichmäßigen und federnden Taktschlagen des rechten Armes.

2. Der Baß wird in derselben Weise gespielt, jede Stimme des Chorsatzes, die eine, wenn auch noch so kurze Pause hat, rhythmisch genau einen Schlag vor ihrem Wiedereinsatz angerufen („Alt!"; „Tenor!" usw.), dazu mit dem rechten Arm der Takt geschlagen.

3. Der Baß wird wieder ebenso gespielt, mit dem rechten Arm der Takt geschlagen, dazu auf Anruf des Lehrenden sofort jede der Stimmen abwechselnd mitgesungen.

4. Mit dem rechten Arm wird der Takt geschlagen, auf Anruf des Lehrenden mit der linken Hand jede der Stimmen abwechselnd auf dem Instrument mitgespielt, möglichst ohne daß dabei auf die Tastatur gesehen wird.

5. Die bisherigen Übungen werden wiederholt, indem die rechte Hand spielt und die linke — stets federnd! — dirigiert, oder indem bei gleichzeitigem Dirigieren, Mitsingen oder Stimmenanrufen mit der rechten oder linken Hand 2—3 Mittel- oder Oberstimmen gespielt werden.

6. Der Lernende muß Chorpartituren fehlerlos spielen und sich währenddem gleichzeitig auf ein davon unabhängiges Gespräch konzentrieren, wie man ja auch in der Chorprobe gleichzeitig dirigieren, kontrollieren und erklären können muß.

7. Klavierauszug oder Partitur eines Chorwerks mit Orchester wird, am Instrument stehend, dirigiert, dazu werden mit der linken Hand die Orchesterbässe gut und intensiv klingend gespielt. Die Zwischenspiele werden mit beiden Händen gespielt, aber von der Zählzeit vor dem Wiedereinsatz des Chores an muß mindestens eine Hand wieder dirigieren usf.

Diese und ähnliche Übungen machen zwar im Anfang erhebliche Schwierigkeiten, führen aber dann bald zu dem Erfolg, daß die Schlagtechnik so selbstverständlich wird, daß man sie auch dann noch beherrscht, wenn man, wie es in der Probenarbeit ständig geschieht, daneben ansagen, erklären, Ton angeben, Disziplin halten und Ausdruck geben muß. Je schwieriger diese Übungen gestaltet werden, um so erfolgreicher sind sie, getreu dem alten bewährten Satz: „Das Unmögliche verlangen, damit das Mögliche vollkommen werde!" Weitere Konzentrationsübungen für die Praxis siehe II. Band, 5. Auflage, Kapitel I, B, 2!

III. Kapitel

Die Zusammensetzung des Chores

1. Größe des Chores

Die Größe eines Chores richtet sich nach seinen Aufgaben.

Ein a-cappella-Chor wird als Mindestzahl aus 16 Stimmen bestehen müssen; bleibt die Zahl darunter, so werden sich die einzelnen Stimmen schwerlich zu einem wirklich einheitlichen Chorklang zusammenschließen können, vor allem dann nicht, wenn die einzelnen Stimmen stark individuell gefärbt sind.

Die Höchstzahl eines a-cappella-Chores dürfte etwa 100 betragen, wofern der Klang nicht an Leichtigkeit und das Stimmengewebe an Durchsichtigkeit verlieren soll.

Mir scheint das Ideal der Besetzung aus 30 bis 60 Stimmen zu bestehen. Gewisse Werke, die auf größere Flächenwirkung gestellt sind, wie etwa Brahms' „Fest- und Gedenksprüche", vertragen einen größeren Chor.

Die Stimmenzahl bei Werken mit Chor und Orchester darf meines Erachtens nicht über 150 bis 200 liegen; denn bei noch größeren Chören verliert die Schlagkraft, statt zu gewinnen: der Klang wird „mulmig" und „dick". Die untere Grenze könnte durchaus niedriger liegen, als wir heute gewohnt sind, — man vergegenwärtige sich, daß Bach bei der Aufführung seiner Werke mit etwa 20 Sängern auskommen mußte. Daß in solchem Falle das Orchester entsprechend klein zu besetzen ist, versteht sich von selbst.

Natürlich kann gelegentlich zu Massenaufführungen — besonders in Freien — ein hoch in die Hunderte, ja sogar in die Tausende gehender Chor gebildet werden. Daß aber nur flächige Wirkungen dadurch erreicht werden können, und daß es kaum je zu einer wirklichen Klarheit kommen kann, ist Erfahrungstatsache. Solche Massenaufführungen sind nur erträglich, wenn entsprechende Werke zur Aufführung gelangen. Die Flächigkeit Händelscher Chorwerke beispielsweise verträgt die Massenbesetzung.

Wenn wir nun von dem Zahlenverhältnis der Stimmen eines Chores untereinander sprechen wollen, so ist zu sagen, daß man sich gewöhnt hat, die Frauenstimmen stärker zu besetzen als die Männerstimmen. Wieweit hier aus der Not eine Tugend gemacht wird, sei dahingestellt; es scheint sicher, daß der Chorklang „runder" wird, wenn die Zahl der Männerstimmen möglichst dicht an die der Frauenstimmen heranreicht. Gerade wenn das Fundament der Bässe gut ist, werden die

Töne der Frauenstimmen durch die Obertöne der Bässe gestützt, sie werden dadurch reiner werden und im Klang ausgeglichener sein. (Siehe auch das Kapitel „Besonderheiten des Knabenchores" im III. Bande.)

2. Auswahl der Stimmen

Bei der Auswahl der Stimmen hat man das Hauptgewicht auf die Musikalität der Chormitglieder und vor allem auf ihre innere Einstellung zum Singen zu legen, und erst dann auf Volumen und Klang der Stimmen zu sehen. Ideal natürlich, wenn beides zusammenfällt!

Ein Chor aus lauter Solisten, selbst wenn der Fall eintritt, daß diese Sänger zugleich auch noch musikalisch sind, kann nur dann erträglich werden, wenn die Stimmcharaktere gut aufeinander abgestimmt und durch reichliche stimmbildnerische Arbeit zu einem gemeinsamen Chorklang erzogen werden.

Bisweilen entsteht eine häßliche Wirkung durch Zusammentreffen mehrerer mit starker Eigenfärbung ausgestatteter Stimmen, die sich gegenseitig nicht anpassen. Da hilft häufig eine kleine räumliche Entfernung dieser Stimmen und das Dazwischenstellen einer ausgleichenden Stimme.

Ein Chor aus lauter stimmlichen Laien kann matt wirken. Das Schönste ist wohl, wenn in jeder Chorstimme einige gut ausgebildete Stimmen singen, die durch unausgebildete „Ausgleichsstimmen" im Klang abgerundet werden. Tremolierende und hauchige Stimmen müssen dem Chor unter allen Umständen ferngehalten werden; eine einzige solche Stimme kann den ganzen Chorklang verderben.

Daß jugendliche Sänger unter allen Umständen vorzuziehen sind, ist kein Geheimnis. Nichts Schlimmeres gibt es, als überalterte Chöre mit ihren scharfen Stimmen und routinierten Mitgliedern, die schon „alles können"! Eine bestimmte Altersgrenze läßt sich schwerlich festlegen, mancher Mensch und manche Stimme ist mit 30 Jahren alt und brüchig, andere sind in höherem Alter noch frisch und innerlich jung. Die innere und äußere Haltung entscheidet die Verwendbarkeit im Chor.

Über die Besetzung der Stimmen im einzelnen sagt Schwickerath im Nachwort seiner Neuausgabe der Wüllnerschen Chorschule folgendes:

„Von einem a-cappella Sänger muß verlangt werden: Gut sitzende Stimme, tadelloses Gehör, Taktfestigkeit, richtige Sprachbehandlung, Intelligenz, Ernst und Geduld. Die Stimme braucht nicht groß zu sein, sie darf aber nicht scharf, dick oder plump sein. Sie muß gut ‚sitzen'. Gaumige, kehlige Stimmen sind beim feineren a-cappella-Singen unmöglich.

Sopran. Ich warne vor allen ‚dramatischen' Sopranstimmen. Große ‚glänzende' Stimmen mit ausgesprochenem Eigencharakter sind sehr gefährlich, ja eigentlich unmöglich. Liebliche, leicht sitzende Stimmen mit schöner Kopfführung sind mir immer die liebsten.

Alt. Gute, eigentliche Altstimmen, die für ältere Literatur, in der der Tenor häufig hoch liegt, unentbehrlich sind, werden immer seltener. Altistinnen mit schwerer Stimme können unangenehm sein, da ihnen gewöhnlich eine nicht zu entbehrende leichte Kopfführung fremd ist.

Tenor. Angesichts der allgemeinen Tenornot darf man bei der Prüfung nicht zu kritisch sein; ich empfehle aber größte Vorsicht, wenn man sich das Leben nicht schwer machen will. Bei einer Tenorprüfung wird man, wenn nicht alles einwandfrei ist, feststellen müssen, ob der Sänger die nötige Einsicht und Intelligenz besitzt, zuzulernen.

Baß. Tiefe Bässe sind nicht zu entbehren. Wenn sie aber zu ‚schwer' sind, wird ihnen die leichte Halbstimme Mühe machen. Ist eine solche nicht vorhanden, so muß der Dirigent erwägen, ob die Stimme nach dieser Richtung weitergebildet werden kann."

Das in den letzten Abschnitten Gesagte hat naturgemäß nur Gültigkeit, wenn die Auswahl an guten Stimmen so groß ist, daß man diesen strengen Maßstab anlegen kann. In jedem anderen Falle entscheide man auf Grund der Lust und Liebe zur Sache, die der Aufzunehmende mitbringt. Ist diese vorhanden, so läßt sich vieles erreichen durch gründliche Schulung, eventuell durch Vorbereitungskurse, oder, da sich diese bisweilen nicht bewähren, durch mit der Chorarbeit parallel laufende musiktheoretische, gehör- und stimmbildnerische Fortbildungskurse für die Neulinge.

Es gibt weniger wirklich unmusikalische Menschen, als man gemeinhin annimmt. Häufig liegt der Grund für das „Unmusikalischsein" in anerzogenen Minderwertigkeitskomplexen. Dasselbe gilt oft für Menschen, die glauben, keine brauchbare Stimme zu haben, weil sie in ihrer Jugend von verantwortungslosen Erziehern für „Brummer" erklärt worden sind. Wie oft kann man es erleben, daß anfänglich ganz kleine und ängstliche Stimmen sich im Chor allmählich zu den klangvollsten und tragendsten Stimmen entwickeln.

Der zu verlangende Tonumfang der Chorstimmen ist etwa folgender:

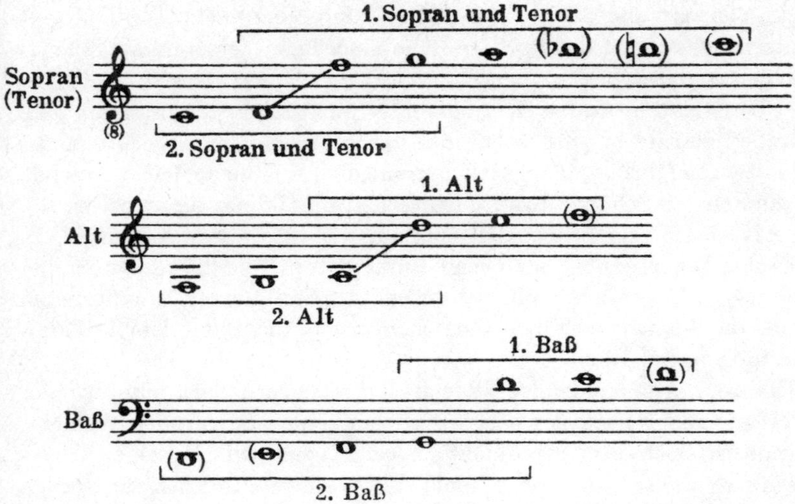

Die eingeklammerten Töne kommen aber nur in Betracht, wenn es sich um Chorwerke mit Orchester oder sehr vielstimmige Chorwerke handelt. Daß im zwei- oder dreistimmigen Chorsatze die Grenzlagen jeder Stimme, weil die Stützung und Abrundung des Klanges durch die Obertöne anderer Stimmen wegfällt, kaum Verwendung finden, sei nur nebenbei erwähnt. Näheres darüber im Kapitel „Über die Chorkomposition“ im III. Bande, Kapitel VI.

Bei der Einteilung der so häufigen Mezzosopran- und Baritonstimmen verfahre man gemäß dem Klangcharakter der entsprechenden Stimme; sehr häufig entwickeln sich diese Stimmen nach der Höhe hin, besonders wenn man sie auf Lockerheit erzieht.

Oft auch lassen sich gerade hohe Baßstimmen durch Pflege des Falsetts angesichts der allgemeinen Tenornot als Tenöre verwenden. Wie mancher Chorleiter hat sich mit bestem Erfolg auf diese Weise helfen können, und einige der betreffenden Stimmen haben sich zu wirklichen Tenören entwickelt. Im übrigen verlangt ja gerade die alte Chorliteratur selten sehr hohe Tenöre. Auch das Mitsingen von Tenören im Alt, von Altstimmen im Tenor, läßt sich in der alten Chorliteratur oft mit viel Glück anwenden, vorausgesetzt, daß man geeignete Stimmen zu diesem Zwecke auswählt und der Grundcharakter der betreffenden Chorstimme nicht dadurch verdeckt wird.

3. Menschliche Gesichtspunkte

Ein freiwilliger Chor ist im allgemeinen dem bezahlten vorzuziehen, es sei denn, daß man bei letzterem das Glück hat, in seiner

Auswahl auf Menschen zu stoßen, die trotz der Bezahlung mit voller Hingabe ans Werk gingen und sich mehr aus Liebe zur Sache als aus finanziellen Gründen gemeldet haben. Im allgemeinen wirkt jede Bezahlung oder sonstige regelmäßige Entlohnung demoralisierend auf den Chorgeist, — eine allgemein menschliche Tatsache, mit der aber gerechnet werden muß.

Auch jeder andere Zwang ist von Übel. Was durch eine — sei es mit geldlichen, sei es mit anderen Mitteln — erzwungene Mitarbeit im lebendigen Organismus, den jeder Chor darstellt, zerstört wird, das wird nicht durch ein paar gute und vielleicht treffsichere Stimmen ausgeglichen.

Ein Chor soll lieber klein gehalten werden, dafür aber aus lauter begeistert mitarbeitenden und gemeinsam empfindenden Menschen bestehen, als sich mit dem unnützen Ballast verantwortungslosen, menschlich untauglichen Materials herumschleppen.

Wie mancher Chor, der klein begonnen hat und eine wirkliche innere Gemeinschaft darstellte, ging innerlich oder sogar äußerlich auseinander durch den sinnlosen Ehrgeiz der Vergrößerung, durch den Elemente hineingezogen wurden, die diese innere Gemeinschaft zerstörten, weil sie den Sinn des Dienstes am Werk nicht verstanden.

Deshalb Vorsicht bei der Auswahl neuer Sänger und keine falsche Weichherzigkeit, durch die großer Schaden angerichtet werden kann, wenn es sich darum handelt, Chormitglieder, die den inneren Bedingungen der Chorgemeinschaft nicht mehr genügen, zu verabschieden.

Zum Verabschieden reif ist — außer wenn die Stimme den Anforderungen nicht mehr genügt, — ein jedes Chormitglied in dem Augenblick, wo es „schon alles kennt“ und glaubt, weil es ein Werk schon einmal mitgesungen hat, nicht alle Übungsstunden mitmachen zu brauchen. Ein Chor kann keine Ausnahmestellung Einzelner vertragen, und eine jegliche Art von Primadonnentum ist der Anfang vom Ende für jede echte Chorgemeinschaft.

„Es ist schwerer, ein Ende zu machen, als einen neuen Vers“, ist aber oft die notwendigere und weniger Nerven verzehrende Handlungsweise.

IV. Kapitel

Chorische Stimmbildung

1. Allgemeines

Dieses Kapitel geht Hand in Hand mit dem über chorische Aussprache; das eine läßt sich vom anderen nicht trennen. Wenn es hier doch geschieht, so hat das seinen Grund in der besseren Übersichtlichkeit.

Es kann sich hier nicht darum handeln, eine Gesangslehre zu geben — daß jeder Chorleiter gesanglich geschult sein muß, wurde früher schon gesagt —, sondern nur darum, dem gesanglich geschulten Chorleiter in kurzer Form nochmals das zusammenzustellen, was er für die Erziehung des Chores praktisch anwenden kann und muß.

Über die Besonderheiten der Stimme, wie etwa die Anwendung der „Register", soll hier nur soviel die Rede sein, wie Franziska Martienssen in ihrem Buche „Das bewußte Singen" (Kahnt, Leipzig 1923) sagt: nämlich, daß der Sänger die drei Register der Stimme zu der Illusion des „Einregister" zu vereinen bestrebt sein muß. Er nehme „von der Kopfstimme den zarten Ansatz, die dunkle Grundfarbe und die weiche Süßigkeit, von der Mittelstimme den strahlenden Glanz, von der Bruststimme die weite Fülle".

Es finden sich hier eine Anzahl bewährter Übungen und kurzer Anweisungen zu ihrem Gebrauch; wenige Übungen, die man zum festen Besitz seines Chores machen, und ohne die man keine Probe vorübergehen lassen sollte, Übungen, die gleicherweise dem „Einsingen" dienen wie der Lockerung, dem richtigen Ansatz und der Erzielung eines einheitlichen, schwebenden Chorklanges, Übungen endlich, die jeder Chor — mag er aus Laien, Liebhabern oder Berufssängern bestehen — gerne macht und deren Erfolg jeder Sänger nach kurzer Zeit eingesehen hat. Mayerhoff sagt in seinem schon eingangs erwähnten Büchlein folgendes: „Ein großer Teil der Hemmungen, die inbezug auf Reinheit und Treffsicherheit im rein Musikalischen gesucht werden, liegt vielmehr im Stimmtechnischen. Es ist erstaunlich, wie schnell auch schwierige Tonfolgen, schwierige Rhythmen erfaßt werden, wenn der Sänger sein Instrument erst einmal wirklich besitzt, d. h. wenn er die Bildung des Tones an und für sich beherrscht."

2. Die äußere Haltung beim Singen

Die Entspannung des ganzen Menschen, die Voraussetzung jedes lockeren Singens ist, fängt mit der Haltung an.

„Die Stellung sei niemals eine angenagelte, das rechte Bein sei leicht vorgestellt (Standbein und Spielbein der griechischen Skulptur); das Hauptgewicht des Körpers kann jederzeit zur Ablösung von links nach rechts oder von rechts nach links verlegt werden", sagt Franziska Martienssen in dem erwähnten Buche.

Unmöglich ist sowohl jedes Aufstützen der Arme als auch das oft durch das Halten des Notenblattes entstehende, aber gänzlich überflüssige Hochziehen der Schultern.

„Die geradezu schwingende Elastizität des ganzen Körpers" muß dadurch erreicht werden, daß der Sänger sich vor dem Singen „seelisch und körperlich von jeder Hemmungsempfindung durch bewußtes ‚Abschütteln' befreit".

Der Oberkörper muß leicht vorgeneigt sein, die Schultern sollen niemals emporgezogen, sondern passiv durch die Schwere der locker herabhängenden Arme heruntergezogen werden.

„Die ganz geringe, fast unmerklich lose Neigung des Kopfes nach vorn darf nur soviel betragen, wie im Augenblick vor einem leichten Grußnicken auf der Straße."

Das Emporrecken des Kopfes, welches man bei den „Heldentenören" der Männerchöre vielfach sieht, wenn die „strahlendhohen" Töne herausgepreßt werden, tut jedem in der Seele weh, der ein wenig von Stimmbildung versteht. Gerade bei den hohen Tönen ist diese leise Neigung des Kopfes besonders notwendig.

Der ganze Hals ist „ringsherum bis auf die Nackenmuskeln völlig entspannt zu denken".

„Der Unterkiefer muß als geradezu schlenkernd lose, durch das Gewicht seiner Schwere herabfallend", als „aus jedem Muskelzusammenhang gelöst" empfunden werden.

Die Formung des Mundes muß stets rund sein, die Lippen ein wenig vorgeschoben, um einen möglichst großen Resonanzraum zu schaffen.

„Das überaus notwendige Vorneliegen der Zungenspitze an den Unterzähnen bei allen Vokalen ist eine Forderung, deren Erfüllung sorgfältig vorbereitet werden muß." Es „darf niemals auf einer aktiven Bewegung, sondern muß ganz auf der Empfindung ruhender, gelöster Muskulatur basieren". Nach jeder Artikulationsarbeit bei den Konsonanten muß die Zunge wieder in diese entspannte Ruhelage zurückkehren.

„Bewußte Spannung hat der Oberkörper, vorgestellte Entspannung der Unterkörper, Spannung haben Oberkiefer und Nasenrachenwände, Entspannung haben Hals und Unterkiefer."

3. Atem- und Einsingübungen

a) Theoretisches

Es kann nicht dringend genug empfohlen werden, als theoretische Abhandlung über das ganze Gebiet des Atmens die beiden Werke von Leo Kofler genauestens zu studieren: „Die Kunst des Atmens" und „Richtig atmen" (Breitkopf & Härtel) und sich die darin angegebenen Übungen mit aller Gründlichkeit zu eigen zu machen, bevor man die für den Chorgebrauch geeignetsten zur Anwendung bringt. Bei Kofler, dem Vater aller neueren Atemschulen, finden sich keinerlei Übersteigerungen und Übertreibungen, wie sie sich nur zu leicht durch die Beschäftigung mit diesen Dingen einstellen. Hier bleibt alles natürlich, echt, gesund und jung, obwohl die genannten Büchlein mehr als ein halbes Jahrhundert zurückliegen.

b) Anwendung der Übungen

Ich halte es unbedingt für notwendig, vor jeder Probe und Aufführung regelmäßig 10—15 Minuten Atem- und Stimmbildung vorzunehmen. Bei einem neu übernommenen Chor müssen die unten beschriebenen Übungen ganz allmählich — eine nach der andern — erarbeitet werden. Dringend gewarnt sei vor dem plötzlichen unvorbereiteten Einsetzen solcher Übungen. Dem pädagogisch-diplomatischen Geschick des Chorleiters muß es überlassen werden, sie so einzuführen, daß der Chor von ihrer Notwendigkeit überzeugt ist und sie geradezu selbst ersehnt zu haben glaubt. Ein ungeschickter Beginn mit derartigen Neuerungen kann genau das Gegenteil von dem erstrebten Erfolg herbeiführen und damit ein Verharren in dem Zustand mangelnder Stimmpflege und -kultur. Ist aber die Umstellung gelungen, so werden sich Lockerheit der Tongebung, guter Sitz der Stimme, schwebender Chorklang und Sauberkeit der Tonhöhe bald und auf die Dauer immer mehr als Folge einstellen.

Wenn die Übungen dem Chor zum festen Besitz geworden sind, dann wird man immer wieder allen neu hinzukommenden Chormitgliedern in besonderen Kursen den ganzen Stoff vermitteln müssen, bis auch diese soweit nachgeschult sind, daß sie die hier folgenden Übungen beherrschen und bei den Atem- und Einsingübungen des Chores mitmachen können.

c) Lockerungsübungen

Vor den ersten Atemübungen lasse man — also zu Beginn jeder Probe — den ganzen leicht vorgeneigten Körper völlig lockern und alle falschen Spannungen abschütteln, indem man durch seitliche Schwingungen des ganzen Körpers bei lose herabhängenden Armen diese eine Weile so völlig passiv schlenkern läßt, als ob sie gar nicht ihrem Besitzer gehören würden. Der Kopf muß ebenfalls gänzlich entspannt baumeln, was den meisten Menschen erfahrungsgemäß große Schwierigkeiten bereitet. Der Unterkiefer muß lose herabhängen, die Zunge völlig entspannt in der Mundhöhle, ihre Spitze lose an den Unterzähnen anliegen. Die Vorstellung, als sei der Kopf im Nacken an einem Fädchen befestigt und in der vorderen Halspartie gänzlich frei, kann am ehesten die völlige Lockerheit des Kehlkopfes bewirken.

d) Atemübungen

Alle Atemübungen sind im Freien oder bei geöffnetem Fenster zu machen!

1. Die erste für den Chor bedeutsame Atemübung geschieht folgendermaßen: nach gänzlicher Ausatmung, durch welche die natürliche Bereitschaft zum Einatmen geschaffen wird, atme man unter vereinter Tätigkeit aller Atemorgane tief durch die Nase — aber bei geöffnetem Mund — ein, bleibe einige Sekunden in der Einatmungsstellung stehen und zwar so geöffnet, als wolle man noch weiter atmen, und lasse dann die gesamte Luft durch den Mund heraus.

Das Öffnen des Mundes beim Einatmen, welches grundsätzlich durch die Nase zu geschehen hat, dient lediglich zur Lockerung. Schon beim Einatmen soll die Mundstellung die gleiche sein wie bei dem Einsatz des ersten Tones. Auf die Durchführung dieser Forderung ist ganz besonders streng zu achten, da es schwer ist, dem Chor begreiflich zu machen, daß der überflüssige Kräfteverbrauch, den die Umstellung des Mundes zwischen Einatmen und Singen mit sich bringt, vermieden werden soll. Beginnt der erste Ton mit „m", so soll auch dann der Mund offen sein. Hierdurch wird einerseits erreicht, daß die innere Mundöffnung groß genug ist, anderseits vermieden, daß das m krampfhaft mit zusammengepreßten Zähnen gesungen wird. Stets soll beim Einatmen wie beim Singen die Öffnung zwischen den Zähnen so groß sein, daß ein mittlerer Finger zwischen die Zähne geschoben werden kann. Das gilt beim a sowohl wie beim i, beim e wie beim u und bei sämtlichen klingenden Konsonanten, bei denen die Zähne nicht beteiligt sind (Ausnahme: w). Gerade die Ausführung dieser Forderung stößt erfahrungsgemäß auf große Schwierigkeiten, bis einmal die Scheu vieler Menschen vor dem Öffnen des Mundes überwunden ist. Das Ziel zu erreichen, erfordert große Geduld des Chorleiters in der ständigen Überwachung der Ausführung dieser Forderung.

Beim Einatmen darf man sich nicht bis an den Rand gewaltsam vollpumpen, wohl aber soll sich der gesamte Atmungsapparat gleichmäßig ausdehnen. Bauch- und Flankenatmung vereinigen sich zur Gesamtatmung, indem sich die Bauchdecke hebt und gleichzeitig die Flanken seitlich ausdehnen. Man kann dies kontrollieren, indem man die eine Hand mit der Handfläche in der Zwerchfellgegend, die andere mit den Fingerrücken dicht unter der Achsel lose auflegt. Beide Hände müssen sich beim Einatmen heben und beim Ausatmen senken. Beim Einatmen muß ferner streng darauf geachtet werden, daß die Schultern sich niemals heben, sondern durch das Gewicht der Arme lose herabgezogen bleiben. Der Kopf darf nicht nach hinten gereckt werden, sondern muß eine leichte Nach-vorn-Neigung beibehalten.

2. Gleich anschließend wird erneut auf die beschriebene Art eingeatmet, ein wenig in der Einatmungsstellung verweilt und darnach die Luft in 5—6 einzelnen Stößen herausgelassen, indem zwischendurch mehrmals der Luftstrom durch festen Lippenverschluß unterbrochen wird. Dies hat so zu geschehen, als wolle die Luft ununterbrochen weiter ausströmen — wie das Wasser in der Wasserleitung — und werde nur durch den Lippenverschluß daran gehindert — wie der Wasserstrom durch den geschlossenen Wasserkran. Hierbei entsteht jedesmal ein kurzer, p-ähnlicher Laut. Diese Übung nennt Kofler den „heilsamen Lungenfeger": „Heilsam", weil sie Lunge, Herz und Nerven beruhigt, „Lungenfeger", weil sich zwischen den einzelnen Stößen die restliche verbrauchte Luft von neuem sammelt — wie sich beim Kehren immer wieder neue Schmutzhäufchen bilden — und so in stärkerem Maße aus dem Atmungsapparate entweicht, als dies beim gewöhnlichen Atmen der Fall ist. Diese wichtige Übung muß nach jeder anderen Übung eingeschoben werden.

3. Durch einen ganz kleinen Lippenspalt oder einen Spalt zwischen Oberzähnen und Unterlippe wird die Luft ganz allmählich in den sich ballonförmig nach allen Seiten ausdehnenden Brustkorb eingesogen, wodurch ein f-ähnlicher Laut entsteht, in der Einatmungsstellung ein wenig gehalten und wiederum durch den Mund herausgelassen. Anschließend sofort Übung 2 wiederholen!

4. Die gleiche Übung wird wiederholt und gleichzeitig der gesamte Atmungsapparat zwischen Schlüsselbein und Zwerchfell mit lockeren Händen beklopft, sachte beginnend, allmählich stärker werdend. In der Einatmungsstellung wird bei gefülltem Atmungsapparat noch eine Weile weitergeklopft — der Kopf muß lose bleiben — und dann wiederum die gesamte Luft durch den Mund herausgelassen. Diese Übung dient dem Öffnen der Lungenbläschen, die infolge der Erschütterung stärker luftansaugend wirken als beim normalen Atmen. Anschließend sofort wieder Übung 2!

5. Einatmung wie bei Übung 1. Etwas in der Einatmungsstellung

warten. Man beachte hier ganz besonders, daß sich im letzten Augenblick der Einatmung die Bauchdecke ein wenig zurückzieht, wie es beim Tiefatmen ganz von selbst geschieht. Nun wird die Luft durch einen engen Spalt zwischen Oberzähnen und Unterlippe — wie beim Konsonanten f — ganz allmählich herausgelassen, während der obere Brustkorb gedehnt bleibt, als wolle man ein um den Brustkorb gelegtes Gummiband ausdehnen, während die Bauchdecke sich ganz allmählich zurückzieht, weil sich das Zwerchfell nach oben wölbt.

Die hier beschriebene Haltung ist später beim Singen stets einzunehmen. Sie dient als „Atemstütze". Diese gebräuchliche, wenn auch nicht sehr glückliche Bezeichnung soll besagen, daß sich die im oberen Brustkorb angesammelte Luft auf das Zwerchfell „stütze" Der obere Brustkorb übernimmt hierbei etwa die Funktion des Blasebalgs der Orgel, d. h. eines Luftreservoirs, aus dem die zum Singen benötigte Luft in regelmäßigem Strom entnommen werden kann, so daß ein gleichmäßig ruhiger Ton entsteht. Ist die Ausdehnung des Brustkorbes nicht länger möglich, so ist der nun noch vorhandene Luftrest zum Singen nicht mehr brauchbar. Der Ton würde flackernd, unruhig, hauchig und tremolierend werden, ähnlich wie bei der Orgel, wenn dem Blasebalg die Luft ausgeht.

Der Brustkorb bleibt also während der Ausatmung leicht gedehnt, geweitet, bis dies nicht mehr möglich ist. Kopf und Arme locker lassen! Darnach wird der Rest der verbrauchten Luft durch den geöffneten Mund wieder hinausbefördert. Anschließend sofort wieder Übung 2!

6. Übung 4 und 5 werden kombiniert. Es wird also durch den Lippenspalt eingeatmet und — nach kurzem Verweilen in der Einatmungsstellung — mit gedehntem Brustkorb durch den „f-Spalt" ausgeatmet. Diese Übung nimmt späterhin viel Zeit in Anspruch und fördert dadurch die Beherschung des Atmens. Anschließend wieder Übung 2!

7. Einatmung wie bei Übung 1. Die Rippen werden wieder nach außen gedrängt, die Bauchdecke ein wenig eingezogen, d. h. also die „Stützstellung" eingenommen. Nun wird die Luft in einzelnen Stößen durch elastische Bewegungen des Zwerchfells herausgeschleudert. Man kann hier entweder abwechselnd etwas Luft durch den f-Spalt herauslassen und dabei auf lockere Kopfhaltung achten, und darnach zwei kurze Zwerchfellstöße, also: fff—p—p—fff—p—p—fff—p—p—fff—p—p, usw. oder aber lauter kurze Zwerchfellstöße —(t—t—t— usw.) aufeinanderfolgen lassen. Diese Übung dient der Vorbereitung des non-legato-Singens. Man kontrolliere durch Handauflegen die Aktivität des Zwerchfells, die sich in präzisen kleinen Erschütterungen auswirkt. Anschließend wieder Übung 2!

Bei Neueinführung aller dieser Übungen ist größte Vorsicht geboten. Für Übung 1 und 2 verwende man mehrere Wochen, erst dann wird eine weitere Übung nach der anderen eingeführt, bis — im Laufe von Monaten — der ganze Stoff erarbeitet ist.

e) Einsingübungen

Man beginne mit Summübungen auf m in mittleren Tonlagen zwischen es und as. Von vornherein ist darauf zu achten, daß die innere Mundöffnung sehr groß ist, und zwar so groß, daß — wie schon oben erwähnt — ein mittlerer Finger zwischen die Zähne geschoben werden kann (ausprobieren lassen!) und die Lippen nur ganz lose aufeinander liegen. Es sei noch einmal daran erinnert, daß dies Geöffnetsein schon beim Einatmen durch die Nase notwendig ist (siehe S. 77). Durch Abtasten aller Teile des Kopfes lasse man kontrollieren, ob alle Resonanzräume mitschwingen und vibrieren. Durch Anlegen der Hände als Schallbecher an die Ohren kann man seinen eigenen Ton am besten hören. Ist er belegt, rasselnd oder verschleimt, so lockere man durch leise Bewegungen des Kopfes. Man vermeide das schädliche Räuspern unter Beanspruchung der Stimmbänder! Gleichzeitig muß immer wieder beachtet werden, daß der Unterkiefer „schlenkernd lose" herabhängt, da die Zunge völlig entspannt im Munde liegt — „wie ein schlafender Säugling" — und die Zungenspitze locker an die Unterzähne anstößt. Je lockerer die gesamte Unterkieferpartie ist, um so stärker werden auch die Speicheldrüsen in Tätigkeit treten und das Austrocknen der Kehle verhindern. (Nebenbei: zur „Schmierung" der Kehle ist alles geeignet, was die Speicheldrüsen anregt: außer Heiserkeitspastillen vor allem alles Saure, aber auch gekautes trockenes Schwarzbrot, hingegen nichts Süßes und keine kalte Flüssigkeit! Manchmal genügt zur Anregung der Speicheldrüsen die Vorstellung von Lieblingsspeisen!)

Schon bei den Summübungen muß stets die Atemstütze — das ist die Stellung, wie sie in Atemübung 5 fürs Ausatmen angegeben wurde — beibehalten und mit dem geringstmöglichen Luftverbrauch gearbeitet werden. Durch allmähliches Fallenlassen des Unterkiefers gehe man vom m in den Normalvokal, einem Mitteldeing zwischen a und o über. Die Zungenspitze bleibt vorn, die Lippen werden rund und weich vorgeschoben, der Kopf bleibt lose, der Brustkorb leicht nach außen gedehnt (Stützstellung).

Man übe nun in mittleren Lagen, stets mit dem beschriebenen Spalt zwischen den Zähnen und mit vornliegender Zungenspitze, alle klingenden Konsonanten, wie sie in dem Kapitel über Aussprache beschrieben sind, und alle Vokalfarben unter Beachtung der oben beschriebenen Mund- und Lippenstellung, sowie Übergänge zwischen Konsonanten und Vokalen auf Wörtern wie „Singen“, „Wonnen“, „Seelen“, „Memmingen“ usw. Die Klinger mit viel Kopfresonanz intensiv, aber locker bilden lassen!

Sind die Grundvoraussetzungen in geduldiger Arbeit und stetem Hinweis auf die beschriebenen Hauptbedingungen erlernt, so folgt, auf viele Wochen verteilt, die Erarbeitung der folgenden Übungen:

Zunächst lasse man die zuerst angegebene Übung singen, unterstützt durch einen leicht federnden Zweierschlag, stets leise, locker und entspannt, beginnend mit dem Tone c, dann chromatisch steigernd bis etwa f.

Zunächst summend, später auf mammamma oder nannanna, wobei das lockere m Beimischungen von w und sogar u haben soll, die Vokale kurz, die Konsonanten intensiv klingend. Immer wieder achte man auf völlige Entspannung und Lockerheit. Keine senkrechten Stirnfalten gestatten!

Vor allem sehe man immer wieder darauf, daß die lose Neigung des Kopfes bei den höheren Tönen nicht die geringste Veränderung erfährt.

Dies wird am besten dadurch erreicht, daß man sich selbst als hoch über den höchsten Tönen schwebend vorstellt, leicht und locker wie ein Vogel über den Wipfeln der Bäume oder den Gipfeln der Berge, und daß man in der Vorstellung auch auf die höchsten Töne von oben herabgleitet oder sich auf sie herabschwingt. Durch diese Vorstellung wird auch die notwendige lockere Haltung beim Singen erzielt, ganz im Gegensatz zu der ganz grundfalschen Vorstellung, daß man sich an den Tönen heraufziehen wolle.

Daß gerade diese pentatonische Übung gewählt wurde, hat seinen Grund in dem Fehlen der die Lockerheit erschwerenden Halbtonschritte.

Immer wieder achte man auch darauf, daß der Ton ganz vorn gebildet wird, viel Kopfresonanz hat und nie in den Kehlkopf abrutscht, was durch die richtige Stellung der Zungenspitze am sichersten erreicht wird.

Als zweite Lockerungs- und Einsingübung folgt, mit c von oben her beginnend, auf dem ersten ausgehaltenen, locker angesetzten Ton leicht crescendierend, dann rasch beweglich mit ganz leichten Akzenten, unterstützt durch ganz lockere Bewegungen, die folgende Übung, mit leichtem Wechsel zwischen den dunkel zu färbenden Vokalen und den

b)

den Ton am besten nach vorn verlegenden Konsonanten m und n. Wir lassen sie chromatisch heruntergehen, bis als Schlußton wieder c erreicht ist. Immer auf richtige Haltung und „Stützung" achten!

An Stelle der Übung a) kann man zur Abwechslung folgende Übung mit Erfolg verwenden:

c)

1. mam-mam-mam-mam-m... ma.
2. möm-möm-möm-möm-m... mö.
3. müm-müm-müm-müm-m... mü.
4. mon - nom - mon - nom m... mo.
5. mön - nöm - mön - nöm m... mö.
6. mün - nüm - mün - nüm m... mü.

(chromatisch steigern!)

d) Übung für langen Atem und gute Atembeherrschung.

d)

späterhin mehrere dieser Übungsteile aneinander anschließend auf einen Atem.

bis schließlich das Ganze — nach monatelanger Übung — auf e i n e n Atem geht!

e) Als Übung für das gesamte Gebiet der Stimmschulung bis einschließlich des Zwerchfell-staccatos ist folgende Stimmübung außerordentlich nutzbringend:

1) ganz locker auf dunklem a „stützen"! Vor 2) auf dem lockeren m verweilen.
2) Zu der Lockerheit tritt die intensive Vorstellung, daß der Ton weit nach vorn gebracht wird. Große Entfernung vorstellen. Mund und Lippen werden weich vorgeschoben. Vor 3) wieder auf dem m verweilen.
3) Zu den Vorstellungen von 1) und 2) tritt die, daß der Ton ganz „von oben" genommen wird. Kopfresonanz! Immer intensiver „stützen".
4) Abgesetzte Töne mit Zwerchfellstößen erzeugen. Kein „h", kein Glottisschlag!
5) Wieder ganz locker wie bei 1).

dieselbe Übung bis zur Quarte  ***bis zur Quinte*** 

und endlich bis zur Dezime 

Eine weitere Übung, zur Ausbildung der H ö h e von größtem Wert, ist folgende:

f)

Leise beginnend, auf dem ersten Ton etwas crescendierend, dann nach der g a n z k u r z u n d l e i c h t hinaufgeworfenen Quarte — wie ein Bällchen auf dem Strahl eines Springbrunnens — mit l o c k e r e n Akzenten sehr beweglich herabfallend, unterstützt durch leicht federnde Bewegungen, ist diese Übung auszuführen. Man achte auch hier wieder streng darauf, daß die hohen Töne nicht das geringste Anheben des Kopfes mit sich bringen.

Gerade bei Übung f) ist darauf zu achten, daß die Mundstellung richtig, d. h. daß schon beim Einatmen und bei dem Beginn auf u die Öffnung zwischen den Zähnen weit genug ist (siehe S. 77) und daß die äußere Stellung der Lippen sich während der ganzen Übung nicht verändert. Auf die Artikulation kommt es hier nur ganz sekundär an. Entscheidend ist die Pflege der Lockerheit. Überhaupt muß immer wieder daran erinnert werden, daß die Lippen beim Singen die Rolle des Schallbechers eines Blasinstrumentes übernehmen, der ja auch nicht zwischendurch verändert werden kann. Die Färbung der Vokale und die Formung der Konsonanten vollzieht sich ganz von selbst durch ihre richtige Vorstellung. Einzig und allein beim m und w — die ja aber in dieser Übung nicht vorkommen — ist eine wesentlichere Veränderung der Lippenstellung vonnöten, aber auch hier dürfen die Zähne nicht aufeinanderliegen.

g) Zwischendurch kann man auch das Aushalten einzelner Töne — locker und mit Beachtung aller beschriebenen Regeln — üben mit dem Ziel, bei geringstmöglichem Luftverbrauch die Töne „unendlich" zu halten.

h) Übung für Chorkoloratur und non-legato.

Unendlich oft zu wiederholen. Chorisch atmen lassen! (Siehe S. 127 ff.) Hier ist neben der völligen Lockerheit von Kopf, Unterkiefer und Armen, der guten Atemstütze, der richtigen Mundöffnung und Lippenstellung besonders darauf zu achten, daß jeder Ton durch aktive elastische Stöße des Zwerchfells herausgeschleudert werden soll. (Siehe auch Atemübung Nr. 9.)

Ein h darf nicht hörbar werden, ebensowenig ein Glottisschlag (siehe S. 88 u. 93). Die Stimmritze muß stets offengehalten werden. Ein leichtes Schlenkern des Kopfes jeweils bei der Bindung auf Taktbeginn fördert die Lockerheit.

Nach Bedarf sind noch weitere Übungen für Quintspannung, Chromatik, tonliche Reinheit und andere spezielle Dinge vonnöten, die der gewitzigte Chorleiter an Hand der zu erarbeitenden Literatur selbst entwickeln möge. Die hier gegebenen Übungen sind durch langjährige Erfahrung mit vielen Chören gewonnene Grundlagen, denen ich Allgemeingültigkeit zusprechen zu können glaube.

4. Weitere Möglichkeiten der Stimmpflege

Außer den regelmäßigen Atem- und Einsingübungen, die vor jeder Probe gemacht werden, läßt sich während der Probe noch einiges zu einer dem Chor fast unbewußten Stimmpflege tun. Da wäre zunächst vom Ansummen zu reden.

Vor jedem Einsatz in Proben und Aufführungen lasse man den Chor ganz leise „ansummen", was die sehr wesentlichen Vorteile hat, daß jeder Sänger seinen Ton bereits gespürt und der Leiter seine Richtigkeit geprüft hat, daß der Chor sich aufeinander eingestimmt hat, und daß die zum Einsatz notwendige Konzentration erzeugt ist.

Man lasse auf m oder ng, den die größte Lockerheit erzielenden Klingern, summen, mit gänzlich entspanntem Kehlkopf und Unterkiefer, so leise wie möglich und so lange, bis abgewinkt wird, was erst dann geschieht, wenn man sicher ist, daß jeder Sänger seinen Ton ohne Nebengeräusche und vollkommen sauber gesummt hat. Noch längeres Ansummen, als mit einem Atem möglich ist, sollte tunlichst vermieden werden. Vielleicht gebührt dem „ng" noch ein Vorzug vor dem „m", weil man dann während des Summens den Mund leicht öffnen und dadurch entspannen kann. Es ist aber größte Vorsicht geboten, da der Ton beim „ng" leicht nach hinten rutscht. Das kann wieder nur vermieden werden durch das schon mehrfach erwähnte bewußte Vorschieben der Zungenspitze an die Unterzähne, lockeren Unterkiefer und leicht vorgewölbte Lippen bei runder Mundöffnung. Und beim Summen auf m muß immer wieder darauf geachtet werden, daß die Öffnung zwischen den Zähnen groß genug ist und die Lippen nur ganz lose aufeinanderliegen.

Das Ansummen hat neben allen anderen Vorteilen den der unbewußten Stimmbildung für sich, da es zwangsläufig den Ton nach vorn bringt.

Das Gleiche gilt von dem Singen „auf Rhythmus" (siehe S. 118 ff.), da das m und n den Ton immer wieder nach vorn bringt, und dadurch die Ausschaltung der übrigen Konsonantengeräusche das Hören des eigenen Tones und damit eine stimmliche Kontrolle gewährleistet wird.

V. Kapitel

Chorische Aussprache

1. Allgemeines

Auch hier kann es sich nicht darum handeln, eine Sprachlehre oder eine Abhandlung über Phonetik zu bringen, sondern — die Kenntnis dieser Gebiete vorausgesetzt — darum, von der Praxis für die Praxis das zu geben, was der Chorleiter seinem Chore vermitteln kann und muß.

In einem Satz läßt sich alles zusammenfassen, was über dieses Gebiet zu sagen ist: die natürliche hochdeutsche Aussprache und der natürliche Sprachrhythmus gelten auch für das Singen.

So selbstverständlich das klingt, so unglaublich wird gerade auf diesem Gebiete gesündigt. Beim Singen kommen die groteskesten Aussprache- und Betonungsfehler zum Vorschein, auf die der betreffende Mensch beim Sprechen gar nicht verfallen würde.

Viel mag zu diesem Zustand beigetragen haben die noch heute teilweise übliche unnatürliche Art der Deklamation in der Schule („Goldnää Aabändsonnää"!). Auch heute kann man an schönen Sommertagen, wenn die Schulfenster offenstehen, in dieser Hinsicht seine blauen Wunder erleben. Auch die jedem natürlichen Empfinden zuwiderlaufende Art des Gemeindegesanges, dem man seit Jahrzehnten mit mehr oder weniger Glück zu Leibe zu rücken sucht, mag zu dem oben geschilderten Zustand beigetragen haben. Selbst der Singbewegung ist es nur teilweise gelungen, die aus den genannten Fehlerquellen resultierenden unnatürlichen Sprachformen auszurotten und durch natürliche Sprachbehandlung zu ersetzen.

Wie schön und einfach wäre es, wenn man dem Chor nur zu sagen brauchte, er möge beim Singen „natürlich" aussprechen. Aber leider ist damit zunächst wenig zu erreichen.

Die uns anerzogene Unnatur der Sprache im Gesang kann nur durch vielerlei Umwege und Bewußtmachen des Natürlichen wieder zum Verschwinden gebracht werden. Der Chorleiter darf sich daher nicht scheuen, das folgende Kapitel genau durchzuarbeiten; nicht nur zu lesen, sondern jede der aufgestellten Regeln an vielen praktischen Beispielen zu erproben, um sie lebendig wirksam werden zu lassen. Wie oft ist es nur Unwissenheit oder Bequemlichkeit des Chorleiters, daß viele Chöre so erbärmlich schlecht aussprechen.

Was aber nützt der schönste Chorklang, der präziseste Rhythmus, wenn der Hörer kein Wort, geschweige denn den Sinn des Gesungenen versteht, und damit der Grundlage zum Verständnis der gesungenen Werke beraubt ist?

2. Der natürliche Sprachrhythmus

Die wichtigste Grundlage für die Verständlichkeit ist der natürliche Wortakzent, der lebendige Wechsel von betont und unbetont, von Hebung und Senkung, von schwer und leicht, kurz: der natürliche Sprachrhythmus, zu dem selbstverständlich auch das genaue

Innehalten des Satzbaues und — sehr wichtig! — die Beachtung der Interpunktionen gehört.

Dies ist eine Notwendigkeit, auf die der Chorleiter immer und immer wieder hinweisen muß durch Erklärung, durch Vorsprechen des Textes und Gemeinsamsprechenlassen des Chores. Es gehört unendlich viel Geduld dazu, die oben angedeuteten eingefleischten Fehler auszurotten und den Sinn für natürliche Sprachgestaltung zu wecken und zu befestigen. Ganz besonders gilt das da, wo in der musikalischen Linie die unbetonten Silben auf höheren oder gar längeren Noten stehen als die betonten. Dies ergibt einen ganz besonderen Reiz, der nicht zerstört werden darf.

Auch gelegentliches Falsch-Vormachen im Sinne einer gleichmäßigen Betonung jeder Silbe und der damit verbundenen Überbetonung und Dehnung der Endsilben wird durch die Lächerlichkeit und Sinnlosigkeit solcher Deklamation heilsam wirken, wenn die Aufmerksamkeit des Chores erst einmal darauf gelenkt worden ist.

Solange man nicht den natürlichen Wechsel von betont und unbetont beachtet, solange wird weder präziseste Konsonantenarbeit, noch die reinste Vokalfärbung allein eine Deutlichkeit des Wortes bewirken.

Andererseits ist es mit dem richtigen Wortakzent allein auch nicht getan, und wir wollen daher im folgenden alle Vokale und Konsonanten mit ihren Verbindungen einzeln besprechen, um dann auf dem Umweg über die Vielheit der Probleme wieder in die Einheit der natürlichen Sprachgestaltung vorzustoßen.

3. Die Vokale

Die normalen Vokalfarben müssen einwandfrei beherrscht werden; jeder der vorhandenen Vokale a, e, i, o, u, ä, ö, ü hat geschlossene, offene und Übergangsformen, die jedoch beim a und ä am wenigsten stark in Erscheinung treten.

Jeweils übergehend vom geschlossenen zum offenen, finden wir folgende Formen:

Beim a: F**a**ll, B**a**hn.

Beim e: **E**rde, H**e**ld und das neutrale, sogenannte „stimmlose" e als Endsilbe in Seel**e**, Leb**e**n.

Beim i: **Lie**be, **Wi**lle.
Beim o: T**o**n, S**o**nne.
Beim u: D**u**, M**u**nd.
Beim ä: B**ä**r, h**ä**tte.
Beim ö: L**ö**we, H**ö**lle.
Beim ü: G**ü**te, H**ü**lle.

Bei dem Doppellaute ai und ei (**Sai**te, **Lei**b) liegt der Ton auf dem langen, ziemlich offenen a, an das im letzten Moment ein kaum hörbares, kurzes, stummes e angehängt wird — niemals ein i, wie man oft fälschlich hört; beim au (**Au**ge) liegt der Ton auf einem geschlossenen a mit kurz angehängtem dunklen o (nicht u!); bei eu und äu (**Eu**le, **äu**gen) auf offenem o mit kurzem angehängten stummen e.

Für all diese Vokalfarben suche man möglichst viele Beispiele — am besten aus den zu singenden Werken — und übe sie immer wieder so, daß sie dem Chor zum festen Besitz und mit der Zeit von selbst richtig angewandt werden. Es muß späterhin genügen, wenn man gelegentlich durch ein kurzes Wort, wie „dunkel" oder „hell", „offen" oder „geschlossen" darauf hinweist.

Dazu kommen die verschiedenen Farbenabstufungen der Vokale im Anschluß an Nachbarvokale oder -konsonannten, Abdunkeln oder Aufhellen ganzer Chorsätze aus inhaltlichen, sinnmäßigen Gründen, und vor allem das Aufhellen der dunkeln und das Abdunkeln — „Decken" — der hellen Vokale, ersteres besonders in der Tiefe, letzteres in der Höhe, kurz, das stets notwendige „Nach-der-Mitte-färben" der Vokale.

Unendlich wichtig und leicht zu kontrollieren ist das Gesetz, daß kein Vokal (e! i!) mit in die Breite gezogenem Munde gesungen werden darf, sondern alle Vokale stets mit rundem Mund und leicht vorgeschobenen Lippen gebildet werden müssen, so daß der Resonanzraum möglichst groß ist. Auch achte man peinlich darauf, daß die Mundöffnung stets groß genug ist, auch bei den dunklen Vokalen, und weise immer wieder darauf hin, daß die Zunge bei den Vokalen entspannt mit der Spitze an den Unterzähnen liegt, niemals gekrümmt oder gerollt, d. h. gekrampft.

Kein Vokal darf beim Singen mit einem scharfen Schlag (Glottis-Schlag) angesetzt werden, d.h. die Stimmritze darf nicht erst durch den Luftstrom des Tones geöffnet werden, sondern muß bereits vorher offen sein. Dies hat dadurch zu geschehen, daß schon vor Beendigung des Einatmens die Stellung für den ersten Vokal und die Vorstellung seiner Tonhöhe fertig vorbereitet ist. Notfalls kann die

Vorstellung eines unhörbaren „h“ vor den ersten Ton als Hilfsmittel dienen.

4. Die Konsonanten

Die Konsonanten sind eins der wesentlichst ausdruckgebenden Momente der Sprache.

Wie stark sie den Stimmungsgehalt der Sprache entstehen lassen und wie modulationsfähig und ausdruckreich sie die deutsche Sprache machen, vergegenwärtige man sich an folgenden Beispielen:

Wie weich etwa klingt der Satz:

„Ich fah**r**’ dahi**n** **mein** Straße**n** **in** fre**m**de **L**a**n**d dahi**n**“
oder

„U**n**d **s**ie geba**r** ih**r**en e**r**ste**n** **S**oh**n** u**n**d **w**icke**l**te ih**n** **in** **W**i**n**del**n**“; —
wie keck und leicht der Satz:

„Eins**t**mals das **K**ind **C**u**p**i**d**o **k**lein **z**u**m** **B**ienen**k**or**b**e **k**ame“; —
wie bizarr der Schluß des Satzes:

„Einsam durch den düsterblauen, nächtigen Himmel seh ich **g**relle **B**li**tz**e **z**u**ck**en an den **B**rauen / **sch**war**zg**ewöl**bt**er Wol**k**enwelle.“

a) Die „Klinger“

Die „Klinger“, die als Brücken von Vokal zu Vokal anzuwenden sind, die die Bindungen schaffen und jenes leichte, schwerelose Schweben des Chorklanges erzielen, die in hohem Maße auch als Klangträger anzusehen sind, bedürfen besonderer Übung.

Man lasse immer wieder jeden dieser Konsonanten (m, n, ng, l, s, w) auf verschiedenen Tönen lange und mit starker Resonanz klingend üben, und gehe dann von jedem von ihnen durch ganz allmähliches Öffnen in die verschiedenen Vokale über, und von den Vokalen umgekehrt wieder in klingende Konsonanten; so, daß die Klangfülle beim Konsonanten gleich groß ist wie beim Vokal.

Das **j** ist wie ein kurzes dunkles i zu behandeln, also als Vokal (jedoch = ^{i}edoch, Jugend = ^{i}ugend).

Das **m** wird mit locker aufeinandergesetzten Lippen bei großem, resonanzbildendem Mundraum geformt, die Lippen dürfen zur Vermeidung von Verkrampfungen niemals fest aufeinandergepreßt werden.

Beim **n** liegt die Zungenspitze locker hinter den oberen Vorderzähnen; auch sie darf dort nicht angepreßt werden.

Das **ng** ist ganz vorn und mit viel Kopfresonanz zu bilden. Die Vorstellung eines „n“, bei dem die Zunge aber wie beim Vokal liegt und der Mund leicht geöffnet ist, kann helfend mitwirken.

Beim **l** liegt die Zungenspitze am oberen Gaumen hinter den oberen Vorderzähnen, keinesfalls weiter hinten.

Das **r** im Anlaut ist stets als Zungen-r zu bilden, da das Gaumen-r den Ton nach hinten bringt, wohin er nicht gehört. Das Zungen-r darf nicht lange „gerollt“ werden, da es sonst übertrieben wirkt, sondern es genügt, wenn es einmal anschlägt; sollte das noch Schwierigkeiten machen, so ist am Wortbeginn das Ersatzmittel:

g^{ed}os statt groß, b^{ed}ach statt brach, ^{ed}ot statt rot

anwendbar, welches genau die gleiche Wirkung ergibt. Das Schluß-r wird stets durch Anhängung eines „stummen“ e (wa^{e} statt war), in der Endung -er durch Dunklerfärbung des e (uns^{e} statt unser) ersetzt.

Das klingende **s** (Seele, Sonne, Sanctus), im Deutschen und Lateinischen stets am Anfang einer Silbe zu verwenden, — wenngleich in Sachsen und Süddeutschland das scharfe s fälschlicherweise an diesen Stellen üblich ist — muß fast ohne Zischklang gebildet werden. Dies geschieht dadurch, daß zwischen Zungenspitze und oberem Gaumen (die Zunge liegt dicht hinter den oberen Vorderzähnen) ein nicht zu kleiner Spalt entsteht. Lippen rund vorschieben!

Beim **w** liegen die Oberzähne locker hinter der Unterlippe. Der zischende f-Klang ist in möglichst starkem Maße auszuschalten.

Bei allen Klingern muß immer wieder auf einen großen Resonanzraum des Mundes und auf Lockerheit der Zunge, die beim m und ng wie beim Vokal gänzlich entspannt sein muß, geachtet werden.

Die Klinger nach kurzen Vokalen müssen beim Singen jeweils sehr frühzeitig zum Klingen gebracht werden. Bei Worten, wie So**nn**e, kö**nn**en, i**mm**erdar, a**ll**e schon unmittelbar nach dem Vokal und sehr stark — aber locker! — klingend. Wie oft hört man in der 9. Sinfonie von Beethoven „**ah**le Menschen“ statt „a**ll**e Menschen“, was sinnentstellend ist und die Richtigkeit der Regel beweist.

Aber auch bei Worten wie u**n**d, a**m**, Bi**l**d usw., kurz: immer dann, wenn der Klinger zu einem vorhergehenden kurzen Vokal gehört, muß er unmittelbar nach Ansetzen des Vokals gebracht werden. Fällt der kurze Vokal mit einer langen Note zusammen, so wird der Vokal gehalten bis zum Beginn der letzten Hauptzählzeit, auf die er fällt, wie man es von jedem guten Sänger hören kann. Unmittelbar auf dem Beginn dieser letzten Zählzeit springt man vom Vokal ab — wie ein Springer vom Sprungbrett zum Kopfsprung — und läßt den Konsonanten klingen:

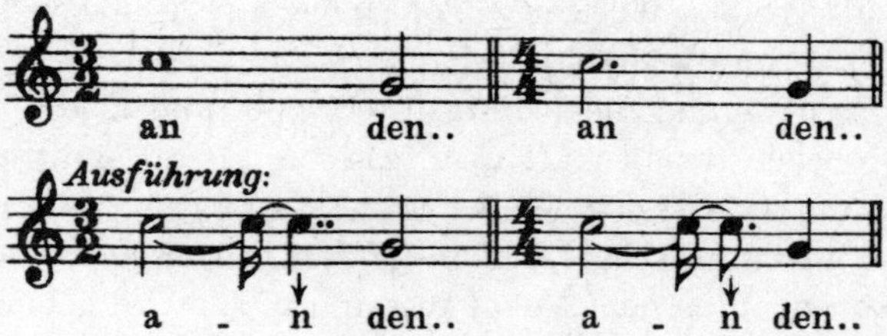

Steht ein dem Klinger vorangehender kurzer Vokal auf einer aus mehreren Tönen gebildeten Phrase, so wird der Klinger unmittelbar nach Beginn der letzten Note dieser Phrase gebildet.

b) Die „Nichtklinger"

Die „Nichtklinger" müssen stets kurz und bestimmt, gewissermaßen als rhythmusgebende Elemente gebracht werden. Jede Nachlässigkeit ist durch ganz bewußte Arbeit an den Artikulationsorganen auszumerzen. Ja, die Nichtklinger müssen im Chorgesang leicht übertrieben werden, da ihre Energie durch das Zusammenwirken vieler Menschen nicht nur nicht verstärkt, sondern sogar ziemlich stark abgeschwächt wird. Man übe, um alle Konzentration auf die Konsonanten zu lenken, die Texte der zu singenden Werke flüsternd und tonlos.

Die Explosivlaute (**k**, **p**, **t**) sind besonders vor Vokalen mit einem kurzen nachfolgenden h zu denken, um deutlicher zur Geltung zu kommen. (Tiefe = T(h)iefe, Perle = P(h)erle, kalt = k(h)alt.)

Diese drei Konsonanten werden — ähnlich wie das **d**, **b** und **g**, bei denen aber das h wegfällt, wodurch die Schärfe der Explosion gemildert wird — dadurch gebildet, daß der Luftstrom durch Verschließen der Lippen (b, p), des Gaumens (g, k) oder der an den Obergaumen angepreßten Zungenspitze (d, t) abgesperrt und durch plötzliches Öffnen zur Explosion gebracht wird.

Für das **g** gilt noch die besondere Ausspracheregel, daß es am Wortende nach kurzem i wie ein „vorderes ch" zu bilden ist (Könich statt König, selich statt selig, aber nicht Siech, sondern Siek statt

Sieg), ebenso in der Wortmitte vor einem k (Ewichkeit statt Ewigkeit, aber nicht ewichlich).

Im übrigen werden die Konsonanten g, b, und d am Wortende hart gesprochen (maak statt mag, gaap statt gab, unnt statt und).

Das stimmlose **s**, das Schluß-s und Doppel-s (bis, als, hassen) ist stets ganz kurz und scharf und im letzten Augenblick vor dem folgenden Konsonanten oder Vokal zu bringen. Es wird gebildet, indem die Zungenspitze (ähnlich wie beim t) fast an den Obergaumen dicht hinter die Oberzähne gesetzt und der Zischklang durch den entstehenden engen Spalt gebildet wird.

qu ist als kw zu bilden (Qual = Kwal).

x ist wie kss zu bilden (Xerxes = Ksserksses).

c und **z** sind als tss zu bilden (Cäsar = Tssäsar, Zeisig = Tsseisig).

Beim **f**, **ph** und **v** (außer wenn letzteres wie w zu verwenden ist, z. B. in Fremdworten wie vage) entsteht der Zischklang durch einen mit Oberzähnen und Unterlippe gebildeten Spalt.

h ist ein Hauch, wird aber beim Singen nur im Anlaut gebildet (heilig, Hölle), während er zwischen Vokalen wegzulassen ist, und statt dessen ein deutlicher Vokalwechsel eintritt (siehe=sie^{e}, gehen=gee n, ruhen=ruu^{e}n). Ausnahmen: aha, oho, Uhu, Ahorn.

ch ist auf mehrere Arten zu bilden: vorn nach i, ä, ö, ü, ai, eu, l, r und n und im Abklang nach kurzem i an Stelle eines g (ich, echt, Könich), nach a, o, u und au am Gaumen (wach, auch); endlich wird es wie ck gesprochen, wenn am Silbenende ein zur gleichen Silbe gehöriges s folgt (Wacks statt Wachs, aber wa**ch**sam, wach'st).

und **sch** mit etwas vorgeschobenen Lippen und nach oben gebogener Zungenspitze.

Beim **pf** endlich sind beide Laute deutlich hörbar zu formen (**pf**ui, **Pf**eil).

5. Weitere Besonderheiten bei der Verbindung der Laute

Schon die kleine Überlegung, daß eine so reiche und differenzierte Sprache aus der geringen Zahl von 25 Buchstaben gebildet ist, läßt den Schluß zu, daß die Wortverständlichkeit nur bei sorgfältigster Beachtung aller Ausspracheregeln ermöglicht werden kann. Dies gilt nicht nur für die schon besprochene richtige Färbung der Vokale a, e, i, o, u, au, äu, eu, ai, ei und die intensive Formung sowohl der klingenden wie der nichtklingenden Konsonanten, es gilt in ganz besonderem Maße für die Verbindung der Laute untereinander, die im Folgenden besprochen werden soll. Würde man z. B.

den Schluß eines Wortes in ein mit einem Vokal beginnendes neues Wort hineinbinden, so würde man „Untier“ statt „und ihr“, „Weichtier“ statt „Weicht ihr“, „bissig“ statt „bis ich“ erhalten.

Würde man das klingende und nichtklingende s verwechseln, so wäre kein Unterschied mehr zwischen einem „Weisen“ und einem „Weißen“, bei falscher Vokalfärbung wäre eine Verwechslung zwischen dem „Sohne“ und der „Sonne“ möglich usw.

Um allen Mißverständnissen aus dem Wege zu gehen, folgen hier noch die Regeln über die Verbindung der Laute:

Sämtliche Laute werden in die folgenden weichen oder klingenden Konsonanten hineingezogen, vorausgesetzt natürlich, daß keine musikalische oder sprachliche Zäsur vorhanden ist (mit Willen = mitWillen, der bald kam = derbaltkam, wieschön, allVögelein usw.).

Bei Aufeinanderfolge mehrerer Klinger ist für einen lückenlosen, weich gebundenen Übergang zu sorgen (wenn wir, will man, kam sie, ging lieber.)

In Vokale auf neuem Wortbeginn darf der vorhergehende Vokal oder Konsonant, einerlei ob hart oder weich, keinesfalls hineingebunden werden. Beim Sprechen pflegt man in diesen Fällen den Glottis-Schlag anzuwenden, der aber — wie gesagt — beim Singen zu vermeiden ist. Ein kurzes vorgestelltes h schafft die Trennung (unt(h)er(h)antwortete, nicht: underantwortete, die(h)Ewigkeit, nicht: dieEwigkeit).

Dieses h darf aber keinesfalls hörbar werden, wodurch ganz abscheuliche Verzerrungen eintreten würden (Hund statt und u. ä.). Seine Vorstellung dient lediglich dazu, das Offenhalten des Kehlkopfes und der Stimmritze zu erreichen und dadurch den Glottis-Schlag (siehe S. 84) zu vermeiden.

Eine besondere Behandlung verlangen die harten Endkonsonanten, wenn als neuer Wort- oder Silbenbeginn der gleiche oder ein ihm entsprechender weicher Nichtklinger folgt: t (auch c und z = ts) und d nach t, p und b nach p, k und g nach k.

In diesen Fällen ist der harte Schlußkonsonant — unmittelbar nach dem letzten Schlag, der auf die betreffende Note fällt, analog dem Zeitpunkt des Ansetzens klingender Konsonanten nach kurzem Vokal, wie es auf S. 90 ff. beschrieben ist, sofort nach dem Ansetzen des Vokals also bereits, wenn nur ein Schlag auf die Note fällt — „wegzufangen“, d. h. zwar deutlich zu formen, aber nicht zu explodieren. Ausgesprochen wird dann gleich der zweite Konsonant.

a) 

falsch: Ich bi dich nun
falsch: Ich bitt | dich nun
richtig: Ich bi(tt) dich nun

b) 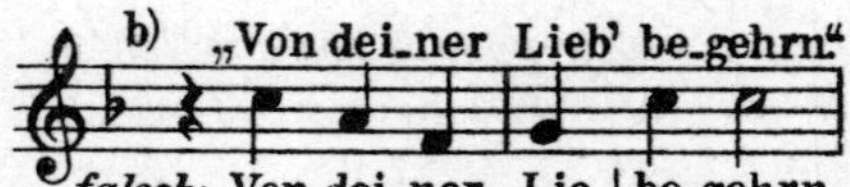

falsch: Von dei_ner Lie | be_gehrn
falsch: Von dei_ner Liep | be_gehrn
richtig: Von dei_ner Lie(p) be_gehrn

c) 

falsch: Laß un - ser Wer | ge - ra - ter wohl.
falsch: Laß un - ser Werk | ge - ra - ten wohl.
richtig: Laß un - ser Wer (k) ge - ra - ten wohl.

d) 

falsch: Ku - ckuck
falsch: Kuk | kuck
richtig: Ku(k) kuck

e) 

falsch: Mi Tssah - len
falsch: Mit | Tssah - len
richtig: Mi(t) Tssah - len

Man singe einmal dem Chor bei entsprechender Gelegenheit alle drei Formen vor und lasse sie nachsingen; der Chor wird sich ohne weiteres für die angegebene Form entscheiden, die ja auch beim natürlichen Sprechen angewandt wird.

Durch das getrennte Aussprechen beispielsweise des t und d würde eine unangenehme Lücke entstehen, im Falle des gänzlichen Weglassens des Schluß-t eine unangebrachte Weichheit und Unverständlichkeit. Bei nicht richtig „weggefangenen" Schluß-t's würde das Thema der Bach-Kantaten „Nun is**t** das Heil un**d** die Kraft un**d** das Reich . . ." abgehackt und häßlich oder aber allzu weichlich wirken. Notwendig ist, daß das Schluß-t tatsächlich genau geformt wird, eben nur nicht zur Explosion gebracht. Was dabei entsteht, ist ein kurzes Aussetzen des Tones mit genauer Vorstellung des harten Schlußkonsonanten, wobei der entsprechende Verschluß, der der Explosion vorangehen würde, gebildet wird.

Das „Wegfangen" der explosiven Endkonsonanten (k, p, t) geschieht auch dann, wenn ein beliebiger anderer Laut auf einen Explosivlaut nach kurzem Vokal folgt. Das Beispiel

ist so auszuführen, daß das „t“ unmittelbar nach dem Schlag weggefangen und erst unmittelbar vor dem „l“ explodiert wird.

Liegen mehrere Schläge auf der betreffenden Note, so geschieht dies Abfangen erst unmittelbar nach dem letzten dieser Schläge.

Ein besonderer Fall liegt vor, wenn innerhalb eines in sich geschlossenen Satzteiles eine Silbe oder auch ein ganzes Wort mit kurzem Vokal — meistens handelt es sich um ein kurzes „stummes“ Schluß-e, seltener ein i, aber auch das Schluß-„er“ gehört hierher, das ja (siehe S. 90) als dunkler Vokal zu bilden ist — endet: „gut**e** Nacht“, all**e** Engel“, „abg**e**-tan“, „all**e** Plagen“, „End**e** gut“, lieb**er** Mai“, „sel**i**-g**e** G**e**-beine“ usw.

Es muß um der Deutlichkeit und Schönheit willen unter allen Umständen vermieden werden, daß etwa folgendermaßen gesungen wird: „O seliegäägääbeine“ oder „gutääNacht“. Es genügt auch nicht die Dunklerfärbung der Vokale „O selüügöögööbeine“ oder „gutöönacht“, sondern — und das vergegenwärtige man sich an zahlreichen Beispielen — die Regel, die dem ganz natürlichen Sprechen abgelauscht ist, wäre so zu formulieren: Beginnt ein neues Wort oder eine neue Silbe nach kurzem Endvokal mit einem klingenden Konsonanten (m, n, l, w, s), so wird dieser schon in dem Augenblick gebracht, in dem er erscheinen müßte, wenn er zu der vorangegangenen Silbe gehören würde, d. h. also: unmittelbar nach dem letzten Schlag, der auf die betreffende Note fällt (siehe S. 90), also:

Beginnt die folgende Silbe mit einem Explosivkonsonanten oder einem seiner Verwandten (k, qu = kw, x = ks, p, t, c und z = ts, aber auch g, b, d), so wird dieser in dem gleichen Augenblick „weggefangen“ (s. o.), in dem der klingende Konsonant zu klingen beginnen müßte, also:

Auch hier muß peinlichst auf intensivstes Abfangen der Explosivlaute geachtet werden. Nur dann kommt die natürliche Wirkung heraus und die tatsächlich vorhandene tonliche Lücke wird durch die entstehende Spannung so wirksam überbrückt, daß sie vollkommen natürlich wirkt.

Folgt dem kurzen Schlußvokal ein neuer Beginn mit einem Vokal (a, e, i, y, o, u und Mischvokale), so ist ein kurzes Abheben mit offenbleibender Stimmritze notwendig: „alle Abend“, nicht: „allööabend“. Ein solches Abheben ist auch vor h, r und allen Zischlauten (f, sch, st, v) notwendig, da deren zu frühes Erscheinen unschön wirken würde. Ein ganz leichtes Antreiben der Spannung des vorangegangenen Tones vor seinem Absetzen wird der Wirkung sehr entgegenkommen, wie ja überhaupt die Vorstellung des Wort- und Satzakzents das entscheidende oberste Gesetz bleibt, dem sich all die Einzelgesetze unterzuordnen haben. Dennoch ist es unbedingt notwendig, daß der Chorleiter sich alle diese Gesetze ganz bewußt macht, um sie dann — ohne viel Erklärungen und Besprechungen — dem Chor richtig darstellen zu können.

Daß alle bisher in diesem Abschnitt angeführten Regeln nicht gelten, wenn zwischen Wortende und neuem Anfang eine sprachliche oder musikalische Zäsur vorliegt, wurde schon angedeutet. In diesem Falle sind alle Schlußtöne genau auszuhalten.

Am Ende einer Phrase werden Schlußkonsonanten auf dem der Note folgenden Pausenschlag präzise gebracht in dem Falle, daß im ganzen Chor eine Pause folgt (a, b), wenn alle (c) oder einzelne (d) Stimmen auf den folgenden Schlag wieder einsetzen, ganz kurz vorher.

a)

Andante grazioso
p
ist auszuführen:
Die Lie_be sacht hat ü_ber Nacht dir Tau...
sach_t Nach_t
(Brahms)

b)

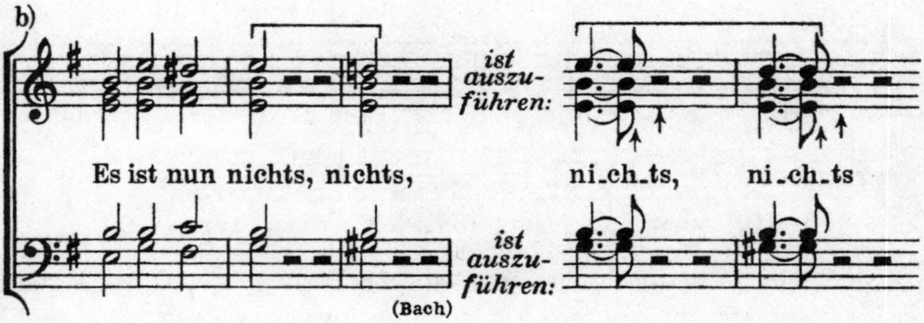
ist auszuführen:
Es ist nun nichts, nichts,
ni_ch_ts, ni_ch_ts
(Bach)

c)

ist auszuführen:
Mein Gmüth ist mir ver_wirret, das macht...
wir_re_t, das macht
(Haßler)

d)

ist auszuführen:
von einem Buhlen gut, und bis...
Buh_len gu_t, und bis
vom Buh_len gut, und bis...
..len gu_t, und bis
(Brahms)

Stehen am Abschluß zwei oder mehr Konsonanten („ch“ und „chts“ im Beispiel a und b), so muß der erste bereits so frühzeitig — am besten rhythmisch eingeteilt — gebildet werden, daß der letzte Konsonant im rechten Moment erklingen kann.

Über die Zischlaute ist noch zu bemerken, daß sie bei Häufungen nicht nur immer sehr knapp und präzis gebracht werden müssen, sondern man verfahre auch mit ihrem Aussprechen etwas zurückhaltend, um — besonders bei polyphonen Stellen, in denen sie abwechselnd in den verschiedenen Stimmen besonders gehäuft erscheinen — eine häßliche Wirkung zu vermeiden. Als Schulbeispiel dafür diene die Fuge aus Bachs Motette „Der Geist hilft“:

Sind scharfe ss durch eine musikalische Zäsur getrennt, so werden beide s gemeinsam erst nach der Pause ausgesprochen.

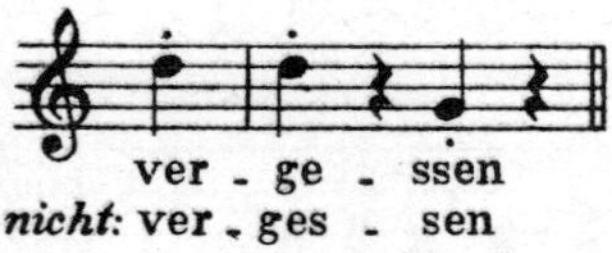

Wichtig ist ferner noch der deutliche Übergang bei der Aufeinanderfolge eines scharfen und eines klingenden s.

In diesem Falle würde sogar sonst ein sinnentstellender Fehler entstehen (bissig!).

6. Übungsbeispiele

a) Ausgeführte Beispiele:

— über dem Vokal heißt: langer Vokal.

über dem Vokal heißt: kurzer Vokal mit intensiv zu bildendem nachfolgenden „Klinger“ bzw. abzufangendem Konsonanten

> über der Note heißt: betont.

— über der Note heißt: halbbetont.

‿ über der Note heißt: unbetont.

Die kleinen Buchstaben sind „stumm“, d. h. dunkel und unbetont. Eingeklammerte Buchstaben sind nicht auszusprechen, sondern nur intensiv vorzustellen.

(Walther)

b) Selbst auszuführende Beispiele. Zu bezeichnen in der Art der Vorlage, im Chor gemeinsam flüstern und sprechen, dann auf einem Ton, aber im Rhythmus, singen zu lassen.

Diese Beispiele müssen durch viele, jeweils der zu singenden Literatur entnommene ergänzt werden, um den Chor daran auf die prinzipiellen Ausspracheregeln hin zu schulen. Die vorliegenden Beispiele dienen dem Zwecke der eigenen Übung des Chorleiters, bevor er das erworbene Können an den Chor weitergibt.

Man beachte besonders den Vokalwechsel, die verschiedenen Farben des e und ähnliches.

Man beachte die „Klinger“.

H a r t e Konsonanten:

Man beachte die vielen ausdruckgebenden harten — und Zischkonsonanten (fett) und im Gegensatz dazu die vielen bindenden K l i n g e r (schräglaufende Lettern).

VI. Kapitel

Die Intonation

1. Allgemeine Ursachen des Detonierens

Wie oft hört man Chorleiter die fatalistische Meinung vertreten, am Detonieren eines Chores könne man nichts ändern, das hänge von Witterungseinflüssen, Temperaturen, Müdigkeitserscheinungen und sonstigen unkontrollierbaren Dingen ab. Zugegeben, daß in alledem ein kleiner Funken Richtiges steckt, so läßt sich doch nicht ernstlich leugnen, daß man durch Suchen nach dem Grunde außerhalb des eigenen Ichs an den wirklichen Gründen vorbeigeht.

Erfahrungsgemäß läßt sich bei allen Chören jedes Detonieren vermeiden, wenn sich der Leiter der tatsächlichen Gefahrenpunkte für die Intonation bewußt ist und durch planvolle Arbeit den Chor auf ihre prinzipielle Beseitigung erzieht.

Bei Beherrschung der im folgenden behandelten Probleme gibt es nur noch zwei Gründe für das Detonieren: Mangel an Gehör oder stimmbildnerischer Erfahrung des Leiters oder Unkonzentration des Chores, die im Grunde genommen auch wieder auf den Leiter zurückfällt, der seine eigene Unsicherheit und Unkonzentration auf den Chor überträgt.

An allen Fehlern des Chores ist der Leiter ja letzten Endes selbst schuld: „Es gibt keine schlechten Chöre, es gibt nur schlechte Chorleiter!"

Eine der Hauptquellen schlechter Intonation liegt im Mangel an Lockerheit und Leichtigkeit der Tongebung. Dieser Mangel läßt sich durch zielbewußte stimmliche Schulung beseitigen, und ich verweise daher auf das Kapitel über chorische Stimmbildung. Der Chorleiter vermeide bewußt alle Ausdrücke wie „heraufdrücken" oder „heraufziehen" und ähnliches; sie bewirken das Gegenteil. Auflockerung kann nur durch ein „von oben", d. h. vom-höheren-Register-her-nehmen der Töne, zu erzielen durch ein vorgestelltes leichtes „Auf-die-Zehenspitzen-gehen" bei loser Neigung des Kopfes, erreicht werden.

Vieles Zutiefsingen liegt an zu dunkler Färbung der dunklen Vokale, deren Aufhellung manchmal mit einem Schlage den Fehler beseitigt. Häufig liegt es am mangelnden Atem, daran, daß die Sänger nicht genügend tief nachgeatmet haben und nicht genügend stützen.

Bisweilen liegt es an einer ausgesprochen ungünstigen Tonart, in der die gefährlichen — d.h. um den Registerwechsel herum liegenden — Töne (d-e-f, d-e-fis) häufig Verwendung finden. Es gibt Fälle genug, in denen ein Chorsatz immer wieder heruntergezogen wird, sobald man ihn jedoch einen halben Ton höher anstimmt, bis zum Schluß völlig rein bleibt. Das liegt an einer stärkeren Spannung, die der höheren Tonart eigen ist und die Stimmung rein erhält.

Die laienhafte Meinung, das Detonieren läge an einer zu großen Anstrengung, die durch vieles Berühren hoher Töne entstehe, was man durch Tiefertransponieren beseitigen könne, ist gänzlich abwegig. Man nehme die hohen Töne eben genügend locker und leicht, dann werden sie von selbst rein und klar erklingen.

2. Spezielle Fehlerquellen

Die speziellen Fehlerquellen aber liegen in verschiedenen, meist stimmtechnisch und nur ganz selten gehörsmäßig bedingten Ursachen, die im folgenden besprochen werden sollen.

Eine der Hauptfehlerquellen besteht darin, daß wiederholte Töne absinken, wenn man sie nicht immer wieder bewußt auflockert und anhebt. Der Ton nutzt sich gewissermaßen ab, er setzt sich fest und verliert an Spannung. Die Stimmbänder müssen durch gedachtes Anheben des Tones „nachgestimmt“ werden. Selbst wenn die Schwankungen auch nur ganz gering sind, so ergeben sie doch in der Summe eine beträchtliche Abweichung.

(Haydn)

Das gilt nicht nur für Töne, die mehrmals unmittelbar aufeinanderfolgen, sondern ebenso für wiederholte Töne, die durch andere, dazwischenliegende, unterbrochen werden.

(Donati)

Daß dies tatsächlich eine der Hauptursachen des Detonierens darstellt, ist merkwürdigerweise vielen Chorleitern unbekannt. Aber gerade diese Fehlerquelle läßt sich durch geduldige und zielbewußte Arbeit und immer erneute Hinweise beseitigen, sobald der Chor darum weiß und die entscheidenden Töne locker anhebt, wozu wie gesagt das Gefühl eines leichten Auf-die-Zehenspitzen-gehens, verbunden mit der im Kapitel über Stimmbildung erwähnten geringen Neigung des Kopfes, sehr hilft.

Ein weiterer, bekannterer Umstand ist der, daß die Durterz häufig zu tief genommen wird, wobei zu bedenken ist, daß sie als Leitton tatsächlich noch höher zu nehmen ist als auf dem Instrument (s. u.).

Nebenbei: daß ein Chor nicht temperiert, sondern rein zu singen hat, bedarf wohl keiner Erwähnung. Daraus folgert, daß oft ein und derselbe Ton verschieden hoch zu nehmen ist, je nachdem, ob er Grundton, Quinte, Terz, Septime oder noch etwas anderes ist. Ein genaues Einstimmen und Horchen der Stimmen aufeinander wird diese Unterschiede deutlich erkennbar machen.

Die Tatsache, daß aufwärtsstrebende Leittöne praktisch etwas höher, abwärtsstrebende etwas tiefer genommen werden, läßt sich jedoch nicht akustisch erklären, sondern hat tonpsychologische Ursachen.

Das „In-der-Luft-schwingen“ der Obertöne stimmt jeden Akkord richtig ein, wenn sich Chorleiter und Chorsänger einmal das Gefühl dafür erarbeitet haben. Ganz besonders muß man hierauf bei enharmonisch notierten Stellen achten. Im folgenden Falle z. B.

wird sich die Tonhöhe von dem „ces“ des Altes zum „h“ ganz wesentlich verändern müssen, sofern nicht der G-dur-Klang unerträglich unrein werden soll.

Ein gründliches Studium der Akustiklehre kann hier helfend mitwirken; doch letzten Endes muß das Tonpsychologische (Leittonwirkung u. ä.) entscheiden.

Große Sekunden aufwärts werden häufig zu eng genommen; kleine Sekunden abwärts im Gegensatz dazu übermäßig weit.

Abwärts gehende Tonleitern haben häufig die Neigung, zu tief abzurutschen. Man gebe dem Chor „Stützpunkte“, die er sich besonders hoch vorzustellen hat, am besten Quinte, Terz und Grundton des vorzustellenden Dreiklangs.

Quinten- und Quartensprünge — vor allem im Baß — machen gelegentlich Schwierigkeiten, und wenn dann gar folgende, in ähnlichen Formen ungezählte Male auftretende Wendung vorkommt, so sind schon eine Menge Fehlerquellen vorhanden.

Häufig auch machen Ausspracheschwierigkeiten die Intonation unsauber. Man übe dann ganz leise „auf Rhythmus“ (siehe S. 118 ff.), bis die Stelle rein bleibt, und nehme dann vorsichtig wieder den Text hinzu. Es kann nicht genügend oft gesagt werden, daß Lockerheit und leises Singen, verbunden mit intensivem Aufeinanderhorchen der Singenden, Grundlage sind für alles gute Chorsingen und so ganz besonders auch für die Intonation. „Ansummen" (siehe S. 126 u. 134 ff.) wird der Ausbildung des Gehörs in hervorragendem Maße förderlich sein.

Auch bei Abschlüssen und Phrasenenden geschieht es leicht, daß der Chor absackt. Auf diese aus nachlassender Spannung, einem Nichtgenügend-Atemholen und Zu-wenig-stützen, wenn es auf den Schluß zugeht, entstehende Nachlässigkeit ist ganz besonders zu achten.

Und endlich kann die Beeinflussung durch andere Stimmen gelegentlich Schwierigkeiten für die Intonation nach sich ziehen.

(Brahms)

¹) Der lang wiederholte Ton des Basses!

²) Das „h" des Tenors kann das „c" des Basses beeinflussen.

³) Die Durterz, verbunden mit dem dunkeln Vokal „u".

3. Unterstützung der Intonation durch Bewegungen

Ist nun genügend vorgebaut, und hat der Chorleiter alle Intonationsklippen in der Probenarbeit überwunden, so wird er im entscheidenden Augenblick alles wieder verderben können, wenn er nicht über genügend lockere und federnd anhebende Dirigierbewegungen verfügt. Das in dem Kapitel über Schlagtechnik hierüber Gesagte muß also fördernd und immer wieder erinnernd den hier erörterten Hilfsmitteln zur Beseitigung von Intonationsfehlern helfend zur Seite stehen.

Jedes *gewaltsame* und *krampfhafte* Hinauftreiben mit scharfen Bewegungen muß jedoch bewußt *vermieden* werden. Eine Verkrampfung der Singenden, stimmliche Überanstrengung und damit verbundenes *Wachsen* der Unreinheit würde die unausbleibliche Folge sein.

Sollte aber dennoch ein Detonieren erfolgt sein, so gibt es in jedem a-cappella-Werke Stellen, an denen man durch *besonders* anhebende Bewegungen ein Wieder-Hinaufgehen der Stimmung erreichen kann, z.B. bei Tonwiederholungen im ganzen Chor.

Geschieht es hingegen, daß der Chor nach intensivem Studium in der Spannung der Aufführung *hinauftreibt*, so genügt oft ein vorübergehendes Weglassen jeder anhebenden Bewegung und ein Tieferverlegen der Gesamtbewegung, um diesen Fehler auszugleichen.

Ein Hinaufgehen der Stimmung bis zu einem knappen Viertelton lasse man ruhig bestehen. Eine Überanstrengung der Stimmen ist bei genügend lockerem Singen nicht zu befürchten. Der Klang des Chores aber wird heller und leuchtkräftiger, wenn die Stimmung etwas *über* normal liegt; Tiefersingen jedoch hat Mattheit und Farblosigkeit des Klanges zur Folge, die unter allen Umständen zu vermeiden sind.

Es folgt noch eine Chorpartitur, die auf Grund gemachter Erfahrungen mit „Pfeilchen" versehen ist an den Stellen, wo der Chor zu detonieren droht. Man untersuche in jedem Falle, welcher der oben angegebenen Gründe zutrifft, und versuche, an weiteren Partituren die wahrscheinlichen Fehlerquellen herauszufinden.

Der Tag vertreibt die finstre Nacht

Michael Praetorius

VII. Kapitel

Die Probenarbeit

Das Durcharbeiten dieses Kapitels kann *erst dann* von Erfolg begleitet sein, wenn es auf der Grundlage vollkommener Beherrschung der schlagtechnischen, stimmbildnerischen und aussprachetechnischen Probleme geschieht. Ich bin mir bewußt, daß das Wort „Probe" nicht ohne Beigeschmack ist, wähle es aber im folgenden dennoch um seiner Kürze und Klarheit willen, die keiner der an seine Stelle getretenen Ausdrücke besitzt.

A. Allgemeines

Oberste Forderung für die Probenarbeit muß sein, bei *geringstem Zeitaufwand*, bei größter Schonung der Stimmen und körperlichen Kräfte der Sänger die *höchsten Leistungen* zu erzielen, gleichzeitig aber *jede* Probe für *alle* Beteiligten zu einer Stunde der Loslösung vom Alltag und zu einem wirklichen *Gemeinschaftserlebnis* zu machen. Wie diese Forderungen zu erfüllen sind, soll in diesem Kapitel aufzuzeigen versucht werden.

1. Die Vorbereitung des Chorleiters

Die wichtigste Voraussetzung besteht darin, daß der Chorleiter das Werk, welches er erarbeiten will, *vor* der ersten Chorprobe *restlos* bis in alle Einzelheiten beherrscht und auf jede Schwierigkeit gefaßt ist.

Am besten wird er es lernen, indem er zunächst einmal die Partitur viele Male intensiv durchliest und sich eine klare klangliche Vorstellung davon macht. Dann spiele er das Werk auf dem Instrument, indem er jede der Chorstimmen mehrmals dazu singt, so daß ihm jede Linienführung und damit später das polyphone Gewebe völlig klar sind und er jede Stimme nahezu auswendig selbst zu singen imstande ist. Auch lerne er die Partitur auf die im II. Band (5. Auflage, Kapitel I, B, 2) angegebenen Arten!

Dabei wird er sich ganz von selbst klar werden, wo besondere Schwierigkeiten rhythmischer, sprachlicher oder intonationsmäßiger Art auftreten, und auf diese Stellen späterhin sein Ohrenmerk richten können.

Zugleich muß sich die Vorbereitung auf das Erarbeiten und Auswendiglernen der Dirigierstimme erstrecken, die auf S. 45 erwähnt wurde und im II. Band (5. Auflage, Kapitel I, B, 2) noch ausführlich behandelt wird. Sie umfaßt alle Einsätze und wendet sich jeweils der Stimme zu, die etwas Entscheidendes zu sagen hat oder besondere Schwierigkeiten birgt. Beim Dirigieren dient sie dann dazu, die Stimmen zu „führen“, und, wenn es nottut, durch Mitsingen helfend einzugreifen. Sie zieht sich wie ein roter Faden durch das Stimmengewebe hindurch und muß, ebenso wie das gesamte Klangbild und jede einzelne Chorstimme des Werkes auswendig beherrscht werden, wenn sie ihren Zweck erfüllen soll.

Auch muß sich der Chorleiter schon vor der ersten Probe im klaren darüber sein, in welche Abschnitte er das Werk aufteilen kann, um diese Teile dann gesondert zu üben, und welche Kombinationen einzelner Stimmen notwendig sein werden, bevor man den ganzen Chor gemeinsam singen läßt. Über die praktischen Möglichkeiten solcher Kombinationen siehe S. 110 ff.

Die Teile, in die das Werk für die Probenarbeit gegliedert wird, müssen eine gewisse Geschlossenheit aufweisen, sie dürfen nicht zu lang sein, damit nicht einzelne Gruppen bis zur Ermüdung singen und andere derweil zu lange untätig verharren müssen, aber auch nicht zu kurz wegen der dadurch entstehenden Zersplitterung.

Niemals sollte man die erste Probe zu einem neuen Werk beginnen, bevor man sich nicht selbst einen genauen Probenplan gemacht hat und — gemäß den Leistungsmöglichkeiten seines Chores — weiß, wie viele Proben notwendig sein werden, um das Werk zu „schaffen“. Daß man dabei lieber zuviel als zu wenig ansetzen muß, versteht sich von selbst. Sobald der Chorleiter dann während der Proben sieht, daß der Probeplan undurchführbar ist, muß er für die nächste Zeit einen neuen aufstellen, niemals aber darf er planlos weiterproben.

2. Einzelstimmenproben

Eine große Zeitersparnis bedeutet es, wenn man bei einem für den Chor neuen und schwierigen Werk mit ausgiebigen Einzelstimmenübungen beginnt. Es stellt für den Leiter eine große, aber selbstverständlich notwendige Belastung dar, bei einem — sagen wir — sechsstimmigen Werke für jede Stimme erst Einzelübungen anzusetzen. Aber daß sich ohne Mehrbelastung des Chores das Sechsfache an Leistung erzielen läßt, wenn man nicht von der ersten Probe an jeweils 5 Stimmen wartend herumsitzen läßt, liegt auf der Hand; und diese Einzelübungen sind daher weitaus fruchtbarer als die etwa gleich beginnenden Gesamtproben. Die Tatsache, daß manche Chorleiter durch Immer-wieder-Durchsingen des ganzen Chores zum Ziele kommen, würde nur dann das Gegenteil beweisen, wenn tatsächlich in jeder Stimme vollkommenste Genauigkeit — die Grundbedingung für jede künstlerische Gestaltung — herrschen würde!

Man sage sich nicht, daß es unmöglich sei, die Sänger an verschiedenen Tagen heranzubekommen. Darin gerade wird sich das organisatorische Geschick des Leiters zeigen und die Art, wie er den Chor zu verantwortungsvoller Arbeit erzogen hat. Wenn der Chor erst einmal weiß, wie ungeheuer viel mehr — bei geringerem Zeitaufwand jedes einzelnen Sängers — geschafft wird, wenn vor den Gesamtproben jede Stimme die Noten beherrscht, dann hat der Leiter gewonnenes Spiel.

Den Einzelübungen mögen im Bedarfsfalle noch gesonderte Frauen- und Männerstimmenübungen folgen, vielleicht sogar einmal bei besonders gelagerten Fällen Übungen mit Sopran und Baß, Tenor und Alt, Sopran und Tenor, Alt und Baß. Die Gepflogenheit, vor jeder Gesamtprobe mit einer Stimmgattung vorzuarbeiten und nach der Probe mit einer anderen Stimmgattung auf die nächste Probe hinzuarbeiten, bewährt sich gut. Voraussetzung ist, daß in jeder dieser Proben die Stellen geübt werden, in denen gerade die jeweilige Stimmenkombination fruchtbringende Ergebnisse zeitigen kann.

Solche Stimmenkombinationen, die man nach Bedarf auch in den Gesamtproben anzuwenden hat, wären unter anderen folgende: in homophoner Musik empfiehlt es sich oft, die Außenstimmen (das „Gerippe") oder Mittelstimmen zu kombinieren, aber auch die Unterstimmen ohne den Sopran, der oft durch sein klangliches Übergewicht kleine Unsauberkeiten der Unterstimmen verdeckt. Bei polyphoner Musik kombiniert man die Stimmen, die in formaler Beziehung zueinander stehen, also etwa kanonisch geführte oder rhythmisch parallel laufende Stimmen, oder — bei Doppelfugen — Thema und Gegenthema usw.; ferner bei tonlich oder rhythmisch schwierigen Einsätzen die Einsatzstimme mit der Stimme, von der sie den Einsatz am besten erhält, d.h. nach der sie sich richten kann.

Die Kombinationen werden also entweder nach dem Gesichtspunkt einer Vereinfachung gewählt — um erst einmal sicher zu werden — oder einer Erschwerung — durch die als Ergebnis eine mehr als 100prozentige Sicherheit erreicht wird.

3. Pünktlichkeit

Und nun zur ersten Gesamtprobe. Wie sich der Chorleiter darauf vorzubereiten hat, wurde eingangs gesagt. Vorbedingung ist absolute Pünktlichkeit in den Proben. Wenn der Chorleiter selbst nicht stets und ausnahmslos auf die Minute pünktlich beginnt, kann er von seinen Sängern keine Pünktlichkeit verlangen. Solche Chormitglieder aber, die trotz des Vorbildes ihres Chorleiters und trotz seiner ermahnenden Vorstellungen, die am besten jedem einzeln gemacht werden, nicht pünktlich und regelmäßig erscheinen, schließe man von der weiteren Mitarbeit aus. Lieber ein kleiner Chor aus ganz zuverlässigen Mitarbeitern, als ein großer Chor, in dem einzelne durch Unpünktlichkeit stören, die gegenüber den zuverlässigen Elementen eine Rücksichtslosigkeit darstellt, weil diese um der wenigen willen an der Arbeit gehindert und am Ende gar durch deren schlechtes Beispiel zu ähnlichem Verhalten verleitet werden.

4. Erklärung des Werkes?

Möge der Chorleiter dem Chor das Werk zunächst erklären und vorspielen, — im allgemeinen gilt die Regel, daß jedes überflüssige Wort zu vermeiden ist, und das Vorspielen oder ungekonnte Durchsingen des Werkes nutzlose Zeitvergeudung darstellt. Jedoch mag das von Fall zu Fall entschieden werden. Unbedingt gewöhne man aber den Chor daran, erst zu arbeiten und dann nach und nach, vielleicht unterstützt durch kurze Erklärungen, die Schönheiten des Werkes zu entdecken. Man wird sehen, daß diese Art dem Chor auf die Dauer mehr Freude macht, weil es ihn tiefer und selbständiger eindringen läßt. Das weiter unten besprochene getrennte Vornehmen der rhythmischen, tonlichen und sprachlichen Probleme wird erreichen, daß das Studium abwechslungsreich ist, daß sich das Werk nicht vorzeitig „absingt", sondern eine Schönheit nach der anderen offenbart.

5. Erziehung zum Verantwortungsgefühl

Vor allem muß alle Kraft des Chorleiters daran gesetzt werden, den Chor zu gewöhnen, mit unbedingter Hingabe mitzuarbeiten, und jede Unkonzentration zu unterbinden.

Es darf einfach nicht vorkommen, daß Chormitglieder während der Übungen sich unterhalten oder sonstige Ablenkungen suchen, was bei manchen Chören noch üblich sein soll; auch dann nicht, wenn sie gerade unbeschäftigt sind, was sich nie ganz vermeiden lassen wird. Sollte doch einmal eine Unruhe Platz greifen, so wird zu ihrer Behebung der beste Weg der sein, daß man einfach abwartet, bis Ruhe ist — am Ende merken sogar die Dickfelligsten, was man von ihnen erwartet. Voraussetzung ist höchste Konzentration des Chorleiters.

Vor allem aber muß der Chorleiter stets das Interesse an seiner Arbeit wachhalten. Dies kann nur gelingen, wenn er selbst mit vollstem Ernst, Verantwortungsgefühl und völligem Über-der-Sache-stehen an die Arbeit geht. Ernst und Verantwortungsgefühl schließen Freudigkeit und — in angemessenen Grenzen — Fröhlichkeit nicht aus. Ein sinnvoller Scherz — möglichst in ursächlichem spontanen Zusammenhang mit der Materie — kann bisweilen wie eine Erlösung wirken, wenn einmal eine Krisenstimmung entstanden ist, und den völligen Umschwung herbeiführen.

Jeder Augenblick der Probe muß für jeden Sänger anregend sein, der Chorleiter in jedem Augenblick konzentriert, ohne alle überflüssigen Worte; immer wieder müssen kurze aber treffende Bemerkungen zur Sache fallen, die alle angehen, — und je genauer der Chorleiter arbeitet, mit um so mehr Interesse kann er rechnen.

Jeder, auch der Berufssänger, muß das Gefühl haben, beim Chorsingen zu lernen, sei es stimmbildnerisch, sprachtechnisch, gehörsmäßig oder allgemein-musikalisch. Man lasse daher auch nicht die kleinste Schlamperei durchgehen, halte streng auf tonliche und rhythmische Genauigkeit, wobei dem genauen Aushalten jedes Tones besondere Aufmerksamkeit zu schenken ist.

Es ist ein Irrtum, zu glauben, daß der Chor schnell zum Ziele kommen wolle. Je sicherer er das Erarbeitete beherrscht, um so freudiger wird er werden, und um so tiefer wird er in den Geist der Musik eindringen. Ernstlich sei gewarnt vor jeglichem Zuviel. Weniger Aufführungen, kürzere Programme, aber diese restlos beherrscht: solches Verfahren wird den Geist der Chorgemeinschaft gestalten helfen und für den Zuhörenden ein Gewinn sein.

Wenn übrigens während der Probe eine Pause gemacht werden soll, was eigentlich nur zum Zwecke der Lüftung zu geschehen braucht, so benutze man sie am besten zu gemeinsamen Besprechungen und dergleichen; das Auseinanderlaufen des Chores und das dadurch entstehende Privatisieren der Chormitglieder sollte nach Möglichkeit vermieden werden, da es Ablenkungen mit sich bringt und den Chor aus der Arbeit herausreißt, wodurch wiederum Zeitverluste beim Wiederbeginn der Probe entstehen.

6. Arbeit ohne Instrument?

Hauptvoraussetzung ist der absolut stille Verlauf der Probenarbeit. Bei der a-cappella-Arbeit ohne Instrument zu arbeiten, ist der unbedingt zu erstrebende Idealfall, schon aus dem Grunde, daß der unbegleitete Chor rein zu singen hat, also von der temperierten Stimmung des Instrumentes abweicht. Das einst übliche und leider aus Bequemlichkeit vieler Chorleiter noch nicht ausgestorbene Mitpauken der Stimme auf dem Klavier ist unbedingt auszurotten. Es ist ein Irrtum, anzunehmen, daß man damit schneller zum Ziel kommt.

Vorsingen, von der Stimme ausgehen, jeden ihr fremden Ton zu vermeiden, sei das Ziel. Klavier und Chor einstimmig kann den Feinfühlenden zur Raserei bringen.

Ist der Chor die Arbeit ohne Instrument noch nicht gewöhnt, so wird er sich in kürzester Zeit überzeugen lassen, wie die Erfahrung beweist; denn das scheinbare Gefühl der Sicherheit unter dem freundlichen Deckmantel des Klaviers geht ja nachher wieder verloren, wenn man nicht mehr mitspielt, und die Arbeit fast von vorn beginnen muß. Warum also nicht den geraden Weg gehen, der noch dazu Nerven spart!

Hingegen darf die Benutzung des Instrumentes zur Zeitersparnis beim Tonangeben dienen, oder aber, wenn es sich um Chorwerke mit Instrumenten handelt, dem angedeuteten Mitspielen der Instrumentalbässe oder der Harmonien, an die der Chor sich gewöhnen muß. Im letzteren Falle wird dies sogar zur Notwendigkeit, weil der sonst rein singende Chor sich an die temperierte Stimmung gewöhnen muß. Auch geschieht es leicht, daß ein an a-cappella-Arbeit gewöhnter Chor ein so starkes Eigenleben besitzt, daß ihm die Zusammenarbeit mit einem Instrumentalkörper Schwierigkeiten macht, wie ja umgekehrt einem an Instrumentalbegleitung gewöhnten Chore das a-cappella-Singen besondere Schwierigkeiten bereitet. Das sinnlose Mitpauken der jeweils gerade singenden Chorstimme aber ist in jedem Falle zu vermeiden.

7. Aufstellung in den Proben und äußerer Verlauf

Die Aufstellung in der Probe geschieht am besten halbkreisförmig, so daß der Dirigent Mittelpunkt ist, vom ganzen Chor gesehen und verstanden wird, und die Chorsänger sich gegenseitig hören können.

Daß der Chorleiter während der Probe sitzt, müßte vermieden werden, selbst beim Mitspielen von Orchesterbässen, was ja aber bei unbegleiteter Chormusik ausscheidet. Am besten, er steht, singt und dirigiert schon während der Einzelproben mit, um den Chor von vornherein an seine Schlagart zu gewöhnen und ihn zu zwingen, darauf zu achten.

Letzteres hat unter anderen den Vorteil, daß der Chorleiter ganz von selbst in die dem vorliegenden Chorsatze am meisten entsprechende Schlagart hineinwächst und auch die Einsätze und besonderen Schwierigkeiten gewissermaßen spielend mitlernt, dabei seine Schlagtechnik immer wieder übt und weiterbildet.

Gleichzeitig bildet sich auf diese Weise ganz von selbst die natürliche „Dirigierstimme“ heraus, von der S. 45 u. 109 die Rede war.

Was den Chor betrifft, so bringt das vielfach übliche dauernde Aufstehen und Setzen Unkonzentration und schafft Ermüdung. Während des genauen Übens einzelner Teile, des Wiederholens von Einzelstimmen und Stimmenkombinationen (siehe S. 110 ff.) lasse man getrost den ganzen Chor sitzen, und erst dann, wenn ein Teil des Werkes annähernd fertig gearbeitet ist und gemeinsam gesungen wird, aufstehen. Solange aber der Chor beim Singen sitzt, halte man streng darauf, daß das Sitzen so geschieht, daß der Oberkörper von der Hüfte an frei ist, so daß die gleiche Einstellung aller Atem- und Singorgane gewährleistet ist wie beim Stehen. Es darf also weder mit übereinandergeschlagenen Beinen gesungen werden noch mit eingeknicktem Unterleib. Nur dann, wenn jeder Sänger so sitzt, als ob er sich gerade erheben wolle, frei und elastisch, dann kann das Singen im Sitzen ohne weiteres verantwortet werden.

Daß man im Stehen besser singen kann als im Sitzen, ist eine bekannte Tatsache. Aber ebensowenig, wie man den ganzen Chor während einer längeren Probe dauernd stehen lassen kann, empfiehlt es sich aus obengenanntem Grunde, immer die jeweils singende Stimme aufstehen und sich dann wieder setzen zu lassen.

Jedes laute Mitzählen des Chorleiters während des Singens ist fehl am Ort; dagegen empfiehlt es sich, während der Proben, solange der Chor noch nicht frei von den Noten ist, jede Vorbereitungsbewegung durch deutliches Hineinrufen der betreffenden Taktzeit zu unterstützen, eine Methode, die häufig Zeit spart. Kurzes, leichtes Mitklopfen — niemals Stampfen! — bei rhythmisch sehr schweren Stellen mag angehen, solange der Chor noch nicht frei genug von den Noten ist, um den Dirigierbewegungen folgen zu können. (Siehe Abschnitt B, 2, sowie im II. Band, 5. Auflage, S. 59.)

Gelegentliches leises Tonangeben auf dem Instrument zur Kontrolle oder zum Einstimmen kann ohne Unterbrechung des Dirigierens geschehen.

8. Erziehung zum Mitdenken

Jedes übermäßig laut gesprochene Wort des Leiters ist von Übel und in den meisten Fällen als Ausdruck innerer Unsicherheit zu werten. Jedem Chorsänger muß es zur Selbstverständlichkeit werden, mit angespannter Aufmerksamkeit jedem Wort und jedem Gedanken seines Führers zu folgen, ja, so stark mitzudenken, daß er schon im voraus weiß, wie die Probe weiterverlaufen wird.

Man gewöhne die Stimmen, die jeweils während der Probe zu pausieren gezwungen sind, daran, daß sie während der Zeit die anderen Stimmen genau kennenlernen und kontrollieren, — wozu Chorpartituren eine riesige Hilfe bedeuten —, und auf jedes Wort des Chorleiters hören. Um das verlangen zu können, ist Voraussetzung, daß dieser kein unwesentliches Wort sagt, daß seine Kritik immer aufs Wesentliche geht und wenn irgend möglich aufs Prinzipielle, für alle Geltende.

Oft empfiehlt es sich während der Übung einzelner Stimmen, die übrigen ihre Stimme ganz leise „auf Rhythmus" (siehe S. 118 ff.) mitsingen zu lassen, wodurch der Chor sich allmählich in das Werk „einsingt".

Niemals lasse man eine Stelle wiederholen, ohne kurz und klar den Grund anzugeben. Der Chor soll genau um alles Bescheid wissen, nichts zu tun brauchen, ohne zu wissen, warum, und so allmählich immer selbständiger mitarbeiten und dadurch in seiner Leistungsfähigkeit wachsen.

Je mehr der Chor um seine prinzipiellen Fehler und um die Wege, ihnen abzuhelfen, weiß, um so rascher wird er sie prinzipiell abzustellen vermögen. Dann wird auch die Verwendung überarbeiteten und überbezeichneten Chormaterials ein Ende gefunden haben, welches meistens im Grunde nichts enthielt, was einem kundigen Chorleiter und einem gut geschulten Chor nicht Selbstverständlichkeit sein müßte. Ausgaben, die mehr enthalten als den Notentext und die vom Komponisten selbst gegebenen Bezeichnungen, bedeuten im

Grunde eine Herabwürdigung des Chorleiters, die leider in vielen Fällen bis heute noch eine gewisse Berechtigung enthält. Gänzlich undiskutabel sind natürlich Ausgaben alter Musik, in denen der Herausgeber den Komponisten verbessern zu müssen glaubte — so gibt es Ausgaben Schützscher Werke, in denen aus 5 Stimmen 6 gemacht worden sind! Bei diesen Ausgaben müßte die Arbeit damit beginnen, daß man alle Zutaten herausstreicht; warum dann nicht unbearbeitete Neuausgaben verwenden, die ja in Hülle und Fülle vorhanden sind?

Auch das Gefühl der Verantwortung jedes einzelnen Sängers, das Gefühl, an seinem Platze stehen zu müssen mit demselben Ernst wie sein Leiter, ist eine durch prinzipielles Abstellen der Fehler zu schaffende notwendige Voraussetzung für jede intensive Chorleistung.

Und endlich wird auch der Übelstand des „Stimmführers" verschwinden, der Zustand, daß in jeder Chorstimme einer oder einzelne „führen" und die anderen folgen, aufhören und eine Gemeinschaft von gleichberechtigten und der Sache zu gleichen Teilen verpflichteten Menschen entstehen können.

9. Die „Autorität" des Chorleiters

Die wichtigste Voraussetzung hierzu besteht darin, daß der Leiter nichts um seiner selbst oder seines persönlichen Ehrgeizes willen, sondern alles um der gemeinsamen Sache, um des gemeinsamen Dienstes am Kunstwerke willen tut, daß er sich nicht mehr dünkt als jeder seiner Sänger, daß er bei absoluter Autorität, die ihm sein Können und seine innere Überlegenheit verleiht, Glied einer Gemeinschaft ist wie seine Sänger.

Jedes Chormitglied muß wissen, daß es an seinem Platze ebenso notwendig ist wie der Chorleiter an dem seinen. Dann wird es auch nicht vorkommen, daß einzelne es als Zurücksetzung empfinden, beispielsweise im zweiten Sopran oder im „zweiten Chor" singen zu sollen statt im ersten, und was an ähnlichen Eitelkeiten oder Verletzlichkeiten — vor allem in überalterten Chören — tatsächlich vorkommt!

Autorität ist nicht zu erlangen durch äußeren Zwang; wo nicht selbstverständliches Mitarbeiten des Chores von innen heraus erreicht ist, wird niemals ein nach innen gerichtetes Singen möglich sein. Die menschliche Stimme ist das empfindlichste und feinste aller Instrumente, der Chor die seelenhafteste aller gestaltenden Kräfte in der nachschaffenden Musik. Wo diese Seele nicht von sich aus lebt und leben will, wo sie durch Zwang und Drill künstlich hervorgebracht werden soll, da kann eine wirkliche Tiefenwirkung niemals erreicht werden.

Möglichst selten sollte man dem Chor längere Reden halten, die infolge des nicht wegzuleugnenden Sich-auf-den-Anderen-verlassens jedes Einzelnen selten den gewünschten Zweck erreichen. Das gilt ebenso fürs Orchester. Wie schon früher gesagt: Mit kurzen, knappen, ganz aufs Wesentlichste gehenden Bemerkungen muß der Chorleiter Kritik üben und diese am besten schon während des Singens hineinrufen. Wenn abgebrochen wird, darf niemals eine „Kunstpause" entstehen oder gar eine Debatte einreißen; und ferner sollte bei Wiederholungen eines Teiles die Stelle, an der wieder eingesetzt werden soll, unmittelbar nach dem Abbrechen angesagt werden. Stets ist der Arbeitsrhythmus zu wahren, und in allem, bis in jede Bewegung hinein, muß der Chorleiter selbst Rhythmus und Gespanntheit sein; nur dann lassen sich viele Worte vermeiden. Dieses Selbst-Rhythmus-sein des Chorleiters wird bei besonders rhythmisch veranlagten Menschen unter Umständen so weit gehen, daß sich selbst ein Hinüberwenden zu einer anderen Stimme oder die Tätigkeit des Umblätterns und anderes rhythmisch eingliedert; doch kann das Bewußtmachen solcher Feinheiten natürlich leicht zu Übersteigerungen führen.

Oberstes Gesetz sei, daß der Chorleiter mit äußerster Konzentration und Zeitersparnis probt — die Wege dazu wurden ausführlich gewiesen —, aber ohne innere Unruhe und Nervosität stets mit Überlegenheit arbeitet; — unnütze Aggressivität erweckt Widerspruch! Nie darf im Chor ein Gefühl der Hast aufkommen, sondern man muß ihm stets das Bewußtsein geben, Zeit zu haben und in Ruhe arbeiten zu können.

Eine möglichst abwechslungsreiche und lebendige Art des Probens und ein verständnisvolles Eingehen auf die psychologischen Gegebenheiten wird dies Ziel erreichen helfen. Abwechslung in der Ausdrucksweise ist besonders wichtig, weil unendlich viele Dinge immer und immer wieder gesagt werden müssen, ohne daß eine Abnutzung entstehen darf. Hervorragend bewährt sich die Praxis, beim Einstudieren eines Werkes nicht immer wieder von vorne zu beginnen, da es leicht geschieht, daß das Ende eines Werkes gegenüber dem Anfang zu wenig gearbeitet wird. Vor allem in einer der letzten Proben vor der Aufführung eines Werkes empfiehlt es sich daher, zunächst den Schlußabschnitt zu proben, dann ein Stück weiter vorn zu beginnen und so fort, so daß der Anfang zuletzt an die Reihe kommt. Dann ist auch die psychologische Bereitschaft des Chores, nun das gesamte Werk im Zusammenhang zu singen, viel größer, als wenn man immer wieder vorn beginnt, sich in Etappen bis zum Ende durcharbeitet, und dann nochmals von vorn beginnen muß, um das gesamte Werk durchsingen zu lassen, wodurch leicht eine Erschlaffung der Bereitschaft eintreten kann.

Im allgemeinen kann es wohl als richtig gelten, den Chor auf die Schwierigkeiten einer schweren Stelle aufmerksam zu machen, wie man ihn ja stets an allen Problemen lebendig teilnehmen lassen und immer mit offenen Karten spielen sollte. Dann wird der Chor auch ohne weiteres einsehen, daß eine solche schwierige Stelle solange geübt werden muß, bis sie völlig sicher geworden ist, und keine „Angststelle" bestehen bleibt. Daß man andererseits den Chor nicht unbedingt mit allen technischen Einzelheiten, die der Chorleiter selbt beherrschen muß, belasten soll, ist klar. Vormachen wird meistens am schnellsten zum Ziele führen. Mit der Zeit aber kann man seinen eigenen Chor, besonders wenn er intelligent ist, in alles einweihen, und wird dadurch nur Dank ernten. Der häufig zu beobachtende Anfängerfehler aber, alles erworbene Wissen und Können gleich auf einen neuübernommenen Chor abzuladen, führt zu nichts Gutem. Allmähliche, aber unablässige Steigerung der Leistung muß das Ziel sein.

B. Praktische Winke für die Probenarbeit

Es mögen nun einige praktische Ratschläge folgen, die die Probenarbeit verlebendigen und schneller zum Ziele führen können.

1. „Auf Rhythmus" singen

An rhythmisch oder tonlich besonders schwierigen Stellen empfiehlt es sich, Rhythmus, Tonbildung und Sprachgestaltung gesondert zu üben.

Solche Stellen lasse man also zunächst ohne Text singen, statt dessen „auf Rhythmus", d. h. auf „nannanna" oder „mammamma", und zwar abwechselnd. Niemals zu lange auf die gleiche Art, da auch dann durch die dauernde Wiederholung desselben Konsonanten eine Verkrampfung eintreten kann.

Man wähle gerade die Konsonanten m und n, weil sie den Ton von allen Konsonanten am besten „nach vorne" verlegen und gleichermaßen den guten Sitz der Stimme fördern, wie dadurch auch die saubere Intonation und einen klaren Rhythmus. Nur darf weder das n noch das m krampfhaft gebildet werden, sondern so locker, daß geradezu das Gefühl entsteht, der Unterkiefer würde herabfallen, wenn er nicht durch die Gesichtshaut festgehalten würde.

Bei ganz vom Rhythmischen her beeinflußter Musik läßt sich auch „donn donn donn“ oder ein dunkel gefärbtes „dinn dinn dinn“ verwenden, was bei einer vom melodischen Geschehen gezeugten Musik, — insbesondere wenn es sich um geistliche Werke handelt — jedoch weniger zu empfehlen ist.

Der Vokal ist in jedem Falle recht dunkel zu färben und — mit leicht schnutenförmig vorgeschobenen Lippen — weit nach vorn zu bringen. Auf diese Weise wird die sekundäre stimmbildnerische Absicht nachhaltige Auswirkungen auf die Chorerziehung mit sich bringen.

Das „Auf-Rhythmus-Singen“ geschieht am besten analog dem über die Aussprache klingender Konsonanten nach kurzen Vokalen Gesagten (siehe Kapitel IV, S. 90). Der Taktschlag auf der Hauptzählzeit wird also als Absprungsbasis vom Vokal auf den Konsonanten benutzt. Ein längeres aa erklingt nur dann, wenn sich eine Note über mehrere Schläge erstreckt; der letzte Schlag ist dann als Absprungbasis anzusehen. Auch bei Abschlüssen vor Pausen lasse man das n oder m weg, um einen präziseren Abschluß zu ermöglichen.

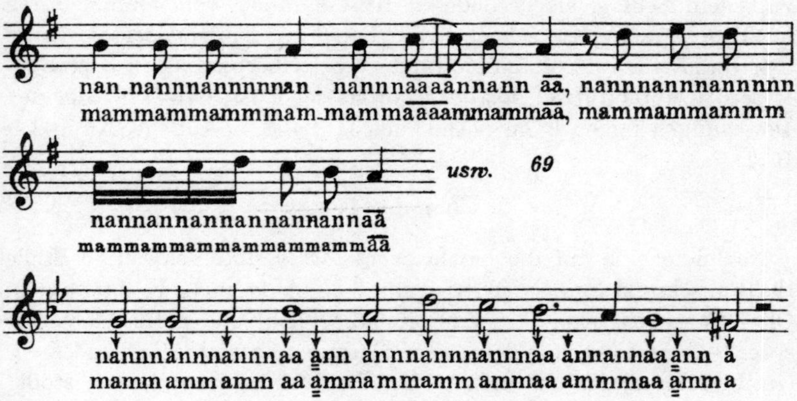

Wenn diese Übungsart einmal dem Chor zur Selbstverständlichkeit geworden ist, läßt sich durch sie manches in kürzester Zeit viel klarer herausarbeiten, und zwar ebensowohl rhythmisch, als auch, infolge der stimmbildnerischen Kraft des n und m, tonlich sauberer; und gleichzeitig wird mehr oder weniger unbewußte Stimmbildung getrieben. Je leiser, nur mit ganz knappen Akzenten versehen, dies geschieht, um so besser; und erst, wenn es ganz leise und dabei doch äußerst präzis gelingt, ist verbürgt, daß die betreffende Stelle „sicher“ geworden ist.

Je leiser man überhaupt beim Üben singen läßt, um so mehr muß der Rhythmus jedes Sängers nach innen verlegt werden, um so mehr wächst die Sicherheit und zugleich die Lockerheit und Leichtigkeit der Tongebung, das A und O alles Singens.

Jede stimmliche Anstrengung in den Proben ist vom Übel. Eine Chorprobe darf nicht die geringste Ermüdung nach sich ziehen, im Gegenteil, eine richtig geleitete Chorprobe kann, auch wenn sie noch so lange dauert und härteste Arbeit geleistet wird, für jeden Sänger eine Erholung, eine Auflockerung seines ganzen Wesens bedeuten.

Laut singen ist nicht schwer, aber sehr häufig aus einer inneren Unsicherheit entstanden. Zudem kann ein forte nur dann wirken, wenn der Gesamtgrad der Tonstärke sich vom piano aus aufbaut. An sich eine Selbstverständlichkeit, aber wie selten hört man einen Chor, der locker und schwebend singt und dessen forte Tragfähigkeit hat!

An rhythmisch ganz schwierigen Stellen empfiehlt es sich, den präzisen Taktschlag zunächst durch Klopfen (am besten ein leicht federndes Klopfen mit dem Bleistift auf Holz), gelegentlich auch durch ein kurzes, gleichzeitig immer wieder abdämpfendes Zischen (ss) zu jedem Schlag, als besonderen Hinweis auch wohl einmal durch leichtes, präzises Klatschen — mit den Fingerspitzen der einen auf den Handballen der anderen Hand — bei Überbindungen oder Synkopen zu unterstützen, bis der Chor so sicher ist, daß er wieder den Bewegungen folgen kann (siehe auch II. Band, 5. Auflage, Kapitel I, B, 1).

2. Üben des Textes

Nachdem eine auf die beschriebene Art geübte schwierige Stelle rhythmisch und tonlich sicher ist, muß die Aussprache geübt werden. Oft hilft es sehr, den Text erst einmal schlicht und natürlich vorzusprechen und dann vom ganzen Chor gemeinsam sprechen zu lassen, ein Verfahren, das anfänglich bisweilen auf Schwierigkeiten stößt; wenn der Chor jedoch die anfänglichen Hemmungen überwunden hat, ist viel damit zu erreichen. Vor allem empfiehlt sich dies bei Strophenliedern, bei denen oft nur der erste Vers gründlich geübt wird, und sich bei den folgenden Versen unangenehme Überraschungen einstellen.

Auch das gemeinsame Flüsternlassen ist für die Konsonantenarbeit förderlich. Ebenso empfiehlt es sich, an Stelle des gemeinsamen Sprechens die Texte gemeinsam auf einem Ton oder auf einer leicht eingänglichen Tonfolge singen zu lassen, da manches, z. B. das Gestalten der klingenden Konsonanten, die richtige gemeinsame Wortbetonung auf diese Weise noch sicherer zu erzielen sind. All das ist ausführlich im Kapitel über Aussprache behandelt worden.

Den Wert des chorischen Flüsterns wird man immer mehr erkennen, je öfter man seinen praktischen Nutzen erprobt hat. Vorbedingung ist, ebenso wie beim Gemeinsam-Sprechen, daß der Chorleiter selbst imstande ist, den Text natürlich und schlicht mit richtiger Wortbetonung und in fließendem Zeitmaß vorzusprechen und das gemeinsame Sprechen oder Flüstern mit zweckmäßigen Bewegungen zu unterstützen. Diese Bewegungen bestehen aus den leicht schwingenden und federnden Schlägen, die in Kapitel II, C, 6 k, S. 53 näher beschrieben wurden. Daneben muß natürlich der Chorleiter mitsprechen bzw. — flüstern und an den Atemstellen, verbunden mit einer anhebenden Bewegung, absetzen. Hat der Chor einmal unter überzeugender Führung die ersten Hemmungen überwunden und gemerkt, wie gerade beim tonlosen Flüstern — wobei jeder Vokal und Konsonant so deutlich geformt werden muß, daß man ihn geradezu vom Munde ablesen kann, was jedem Chorleiter zur eigenen Übung nicht dringend genug empfohlen werden kann — die Sprache deutlich wird und den sonst völlig stillen Raum ausfüllt, dann ist damit ein großer Schritt zur Sprachgestaltung beim Singen getan. Man übe u. a. an folgendem Satze das Führen durch die oben beschriebenen Bewegungen (> = stärkerer Schlag, ⌣ = ganz leichter Schlag, — = gedehnt, · = kurz, ' = stark absetzen, ⁾ = leicht abheben):

„Entlaubet ist der Walde ⁾ gen diesem Winter kalt'!
Beraubet werd ich balde meins Liebs, ⁾ das macht mich alt'!
Daß ich die Schön' muß meiden, ⁾ die mir gefallen tut',
bringt mir heimliches Leiden und macht mir schweren Mut."

3. Besondere rhythmische Schwierigkeiten

Merkwürdig große Schwierigkeiten machen fast allen Chören in gewöhnliche Achtel bzw. Viertel eingebettete Triolenachtel oder -viertel.

Meist wird der Fehler gemacht, daß der erste Teil der Triole zu rasch genommen wird, und das letzte Achtel daher verbreitert werden muß, daß also  statt 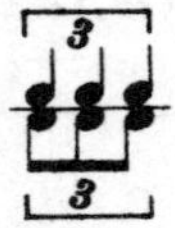 entsteht. Viele instruktive Übungen, die diesen Fehler ein für allemal ausmerzen, kann und muß man erfinden, wie man ja überhaupt durch kleine Übungen stimmtechnischer, aussprachetechnischer und rhythmischer Art unendlich vieles prinzipiell klären kann, statt immer wieder, wenn solche Fehler auftauchen, von vorn beginnen zu müssen. Und jeder Chor macht solche Übungen mit Begeisterung mit, wenn sie richtig angepackt werden und jeder Sänger das Bewußtsein hat, dabei zu lernen.

Ein häufiger rhythmischer Fehler besteht darin, daß in Wendungen wie

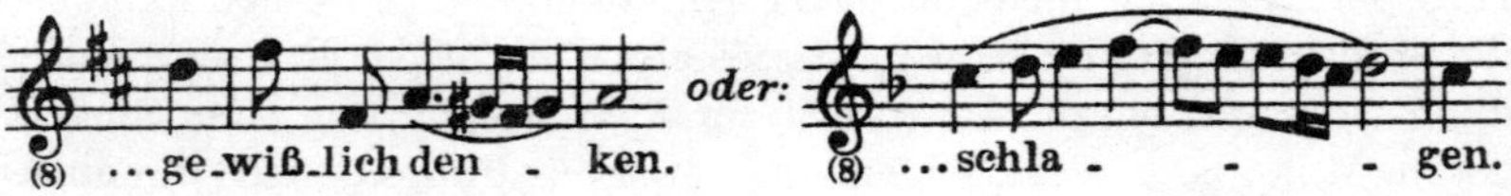

die Sechzehntel zu unruhig, hastig und damit unpräzis gesungen werden. Helfen kann auch hier nur das Singen „auf Rhythmus".

Gelegentlich kann man solche rhythmisch schwierigen Stellen — wie auch gehörsmäßig und tonlich besonders schwer zu erfassende Wendungen — im doppelt breiten Zeitmaß üben. Es empfiehlt sich jedoch nicht, von dieser Möglichkeit zu reichlichen Gebrauch zu machen; manche Chorleiter pflegen stets beim Üben vom langsamen Zeitmaß auszugehen, übersehen aber dabei, daß das gesamte Melos sich dadurch grundlegend verändert und die spätere Umstellung einen Zeitverlust bedeutet.

In vielen Fällen von rhythmischen Schwierigkeiten bedarf es gewisser erleichternder Hilfsmittel, in deren immer neuer Erfindung sich der Chorleiter nicht genug tun kann. So würde man z. B. Stellen wie:

zunächst „auf Rhythmus" singen lassen.

Machen sie dann noch Schwierigkeiten, so lasse man da, wo Überbindungen oder Synkopen vorliegen, einen Akzent geben:

Genügt das noch nicht, so lasse man die Bindung weg,

übe so, und kehre dann etappenweise allmählich wieder auf dem umgekehrten Wege in die Originalfassung zurück.

4. Enharmonische Umdeutung

Vor einem Fehler, in den manche Chorleiter verfallen, sei dringend gewarnt, nämlich, an Stellen wie der im folgenden Notenbeispiel angegebenen, also solchen, bei denen ein zunächst schwieriges Intervall vorkommt, welches enharmonisch verwechselt ein ganz einfaches ergibt, dieses einfachere denken zu lassen. Das erscheint nur zunächst als Erleichterung, ergibt aber dann im weiteren Verlauf eine empfindliche Intonationstrübung, weil eben einfach der vorgestellte und der wirkliche Ton etwas ganz Verschiedenes sind, und der Anschluß an das Folgende fast unmöglich wird. Man lasse vielmehr in allen solchen Fällen harmonische Stützpunkte denken; im vorliegenden Falle also:

a)

lasse man üben

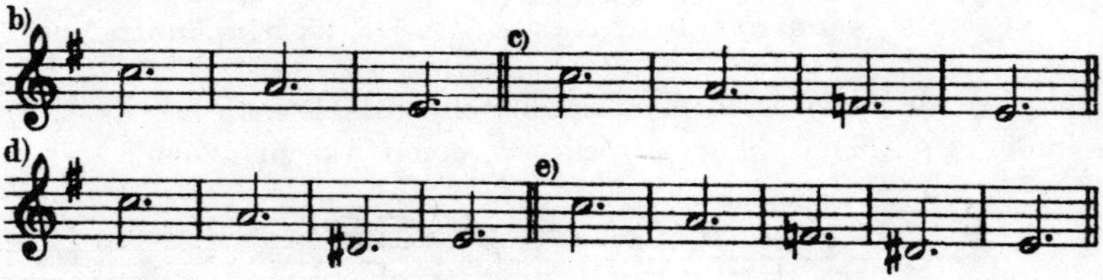

und die Stelle wird einwandfrei sicher werden, aber nicht

f)

wobei das „e“ unweigerlich unrein wird.

5. Gemeinsames Üben schwieriger Stellen

Häufig lassen sich schwierige Stellen, die in allen Stimmen wiederkehren, gemeinsam üben, indem man den ganzen Chor unisono z. B. die Altstimme singen läßt. Bei Cantus-firmus-Stücken lasse man ebenso den Cantus firmus zunächst unisono singen, wodurch man den Chor zugleich tiefer in das Verständnis des Chorsatzes einführt. Bei Sätzen, in denen die Textbehandlung in allen Stimmen die gleiche ist, empfiehlt es sich, den Text nicht mit jeder Stimme einzeln, sondern gleich gemeinsam zu üben und die dadurch gewonnene Zeit für den Ausdruck zu verwenden.

Auch andere prinzipielle Dinge, wie etwa ein ausgedehntes allmähliches An- und Abschwellen, übe man gemeinsam, wobei dem Abschwellen besondere Aufmerksamkeit zu schenken ist, da ein ganz allmähliches Zurückgehen der Tonstärke schwer zu erreichen ist und meistens zu plötzlich geschieht.

Man übe zunächst ein „terassenförmiges“ An- und Abschwellen

späterhin das allmähliche. Immer wieder erwähne man, daß der Ausgangspunkt für ein Crescendo noch nicht selbst stark sein darf, der Beginn des Diminuendo aber den Höhepunkt der Dynamik darstellt. Auch der Hinweis, das pp nicht langsam, ff nicht schnell, crescendo nicht accelerando und diminuendo nicht ritardando bedeutet, ist oft notwendig!

6. Präzise Ausdrucksweise

Wichtig ist die präzise Ausdrucksweise des Chorleiters, wenn z.B. eine Einsatzstelle mitten im Stück angesagt werden soll. Wenn, wie es heute in vielen Ausgaben bereits üblich ist, Taktzahlen angegeben sind, so bestehen ja beim Ansagen keinerlei Schwierigkeiten. Ist dies aber nicht der Fall und soll beispielsweise an einer Stelle begonnen werden, die — sagen wir — 18 Takte vor dem Schluß oder einem Orientierungsbuchstaben liegt, so wird man nicht gut tun, zunächst für sich allein abzuzählen und dann zu sagen: „Bitte 18 Takte vor dem Schluß einsetzen!", worauf eine große allgemeine Zählerei losgeht, sondern man wird gleich sagen: „Bitte vom Schluß zurückzählen: 1, 2, 3, 4...18 Takte!" So hat man dem Chor zunächst die Stelle gesagt, an der das Abzählen beginnen soll und dann mit dem Chor zugleich gezählt, wodurch kein Moment der kostbaren Probenzeit verloren ist.

In diesem Zusammenhang sei erwähnt, daß man genau über die Beschaffenheit des Stimmaterials unterrichtet sein muß, d. h. daß man wissen muß, ob es Taktzahlen oder Buchstaben enthält, und ob diese mit der Partitur übereinstimmen. Wenn nicht, hat man sie vor der ersten Probe in Übereinstimmung zu bringen. Man verfalle auch nicht in den Fehler, beim Ansagen auf Seiten- oder Zeilenangaben der Partitur Bezug zu nehmen, außer wenn der Chor ebenfalls Partituren in der Hand hat.

Auch darf nicht vergessen werden, vor einem Wiederbeginn den Ton neu anzugeben, am zeitsparendsten, indem man ihn unmittelbar nach der Ansage vorsingt. Beim Ansagen einer Textstelle kann dies sogar schon während der Ansage geschehen, indem man die Textstelle gleich auf dem richtigen Ton vorsingt.

Ein weiteres Mittel zur Einsparung von Zeit besteht darin, daß man jede gemachte Ansage vor dem Einsatz mit anderen Worten noch einmal kurz wiederholt, d. h. also, daß man alles zweimal sagt. Dies könnte zunächst als Zeitverlust erscheinen. Es ist aber auch bei dem gutwilligsten Chor und bei bester Erziehung infolge des Trägheitsgesetzes der Masse, das nun einmal eine Tatsache ist, mit der man rechnen muß — so, daß viele Chormitglieder sich auf die anderen verlassen und nicht in jedem Augenblick alles mitbekommen. Sogar positive Zustände, wie Überkonzentration, Nachdenken über eine frühere Ansage oder ein musikalisches Problem kann das Überhören einer Ansage bewirken! Will man daher z. B. eine Stelle auf „Rhythmus" wiederholen, so sage man das an, rufe aber im Augenblick der Vorbereitung des Einsatzes noch einmal „Auf Rhythmus" oder „Auf nannanna!" oder „Ohne Text!", oder aber man singe die ersten Töne selbst noch einmal auf nannanna vor, wodurch man gleichzeitig den Ton angibt. Erst dann kann man ziemlich sicher sein, daß alle Chormitglieder die gestellte Forderung erfüllen, während bei Unterlassung dieser doppelten Ansage Gefahr besteht, daß einzelne eben doch auf Text singen und dadurch Unruhe und Unsicherheit erzeugen, so daß womöglich noch einmal abgebrochen werden muß.

Was im übrigen die präzise Ausdrucksweise angeht, so empfiehlt es sich, eine Anzahl von kurzen, allgemein verständlichen und dem Chor bekannten Ausdrücken bei der Hand zu haben, die man bei den entsprechenden Gelegenheiten immer wieder anwendet, wie etwa: „Locker!" „Wiederholte Töne anheben!", „Akzente geben!", „Nebensilben fallen lassen!", „Die Höhe ganz locker!", „Ansummen bitte!" „Zungenspitze vor", „Zähne auseinander", „Besser stützen", „Auf Rhythmus", „Von oben denken" usw. Kurz, klar und bestimmt, dabei stets freundlich und ohne jede Ungeduld im Ausdruck wie im Tonfall, so werden alle diese Hinweise am besten ihre Wirkung tun. Kurze schwierige Stellen lasse man viele Male wiederholen, ohne daß vor jeder Wiederholung eine Pause eintritt. Im gleichen Augenblick, in dem die betreffende Stelle beendet ist, gebe man nach einem kurzen vorangegangenen Hinweis, wie „gleich nochmal", schon wieder den neuen Einsatz, so oft, bis die Stelle einwandfrei beherrscht wird. Überflüssige Redewendungen wie etwa „Wollen Sie bitte so freundlich sein...", werden einem intelligenten Chor wenig Freude machen und rauben unnützerweise die wertvolle Zeit.

7. Das Ansummen

Das Ansummen spielt in der Aufführung von A-cappella-Werken eine entscheidende Rolle und wird daher in dem entsprechenden Abschnitt über die Aufführung (S. 134 ff.) eingehend behandelt.

Da der reibungslose Ablauf des Ansummens naturgemäß schon in den Proben entsprechend vorbereitet werden muß, und da auch in der Probe vor dem Beginn eines neuen Stückes — häufig auch eines neuen

Abschnittes aus einem Werk — angesummt werden muß, sei bereits hier auf den erwähnten Abschnitt hingewiesen.

8. Die Atemanwendung

Es gibt drei *Möglichkeiten* der Atemanwendung. Über das Atmen selbst wurde im Kapitel über Stimmbildung (S. 76—80) gesprochen. Wir unterscheiden das *Tiefatmen*, welches immer da Anwendung findet, wo ein Sinnzusammenhang, oft mit einer regelrechten Pause verbunden, abschließt und demgemäß meist ein Interpunktionszeichen steht.

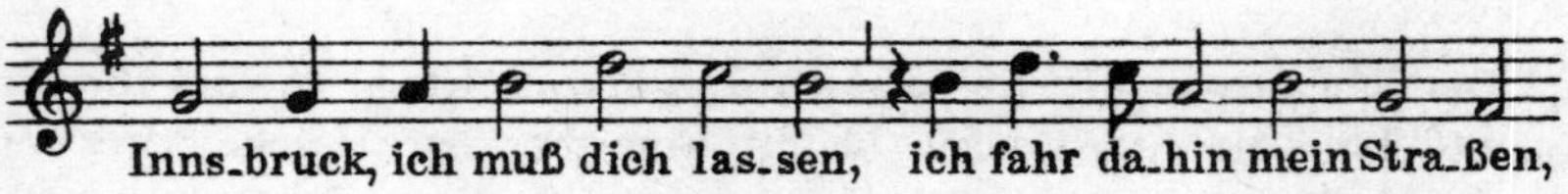

Dann ein *kurzes Nachatmen*, welches auch mit der Bezeichnung „Schnappatem" oder „Stützatem" benannt wird. Dieses findet dort Anwendung, wo zwar eine Phrase endet, zum Tiefatmen aber nicht genügend Zeit ist. Hier muß an den im Notenbeispiel mit , bezeichneten Stellen besonders darauf geachtet werden, daß der Ton nicht *abgerissen*, sondern leicht *abgehoben* wird, was durch entsprechende Bewegung unterstützt werden kann. Der Sänger darf in diesen Fällen die Stützhaltung (S. 79) nicht verlassen.

(Stephani)

Ferner das „chorische" — d.h. abwechselnde — Atmen, welches dort angewendet werden muß, wo ganz lange Melodiebögen durchzubinden sind, die dem Sinne nach kein Absetzen erlauben, aber nicht ohne weiteres auf einem Atem gesungen werden können.

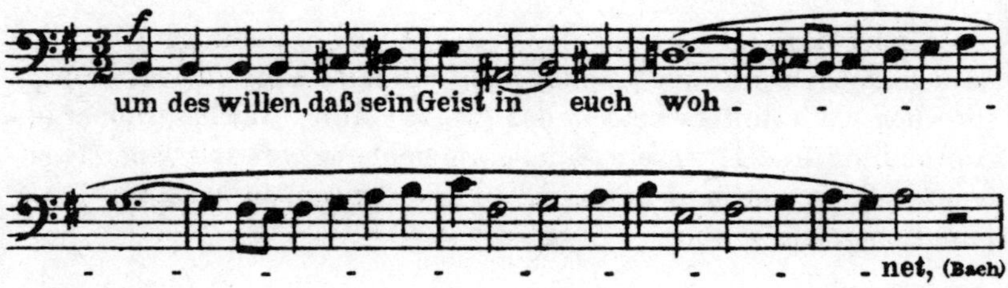

Die Sänger atmen abwechselnd, geräuschlos, so daß die gesamte Linie ununterbrochen bleibt. Eine merkbare Lücke wird bei mehr als 5 Sängern in jeder Chorstimme im allgemeinen nicht entstehen. Bei noch weniger Sängern müssen die Atemstellen vorher von den Sängern untereinander oder mit dem Leiter gemeinsam ausgemacht werden. Das Atmen muß unter allen Umständen, wie gesagt, geräuschlos und das Wiedereinsetzen vorsichtig und unmerklich geschehen.

Das chorische Atmen findet insbesondere Anwendung bei langen liegenden Noten und den Chorkoloraturen, die im nächsten Abschnitt behandelt werden, seltener in Fällen wie diesem:

9. Chorkoloraturen und -vokalisen

Besonderer Pflege bedarf das chorische Atmen bei längeren Chorkoloraturen. Bei letzteren wirkt das gemeinsame Absetzen an Stellen wie den hier mit ↓ bezeichneten, ganz zu schweigen von den mit ⤵ bezeichneten Stellen als liniezerreißend überaus störend.

a)

(Bach)

b)

(Bach)

Hier gilt die Regel: „An allen Stellen darf geatmet werden, je eher, je lieber, indem unbetonte Noten weggelassen werden, — verboten aber ist, nach punktierten oder gar übergebundenen Noten zu atmen.“ Gerade an diesen Stellen erreicht die Linienspannung ihren Höhepunkt und darf durch keine Zäsur unterbrochen werden. Natürlich darf auch keine der betonten Noten weggelassen werden. Die sinnvollste und überzeugendste Formung solcher Linien entsteht, wenn ein Teil des Chores die zweite, ein anderer die vierte Note einer Sechzehntelgruppe der vorliegenden Beispiele ausläßt.

Was im übrigen die Behandlung dieser „Chorkoloraturen“ betrifft, die nicht vom rein Vokalen herkommen, sondern stark instrumental beeinflußt sind, so dürfen diese nicht gebunden gesungen werden, sondern locker mit zwischengeschobenem vorgestelltem „h“ vor jeder Note. Diese so oft mißverstandene Vorstellung dient jedoch lediglich dazu, dem stimmlichen Laien ein leichtes Absetzen ohne Glottisschlag (siehe S. 88) zu ermöglichen. Ein „h“ darf aber keinesfalls hörbar werden, sondern man muß jede Note mit elastischem Zwerchfell bei ständig offengehaltenem Kehlkopf erzeugen, wie es in der Atemübung S. 79 so wie in der Stimmbildungsübung S. 83 verlangt ist. Niemals darf ein unvokales staccato entstehen, vielmehr soll sich die Linie ununterbrochen weiterspinnen, wobei jede hier mit einem — — — versehene Note durch Zwerchfellstoß aktiviert, aber nicht abgesetzt wird.

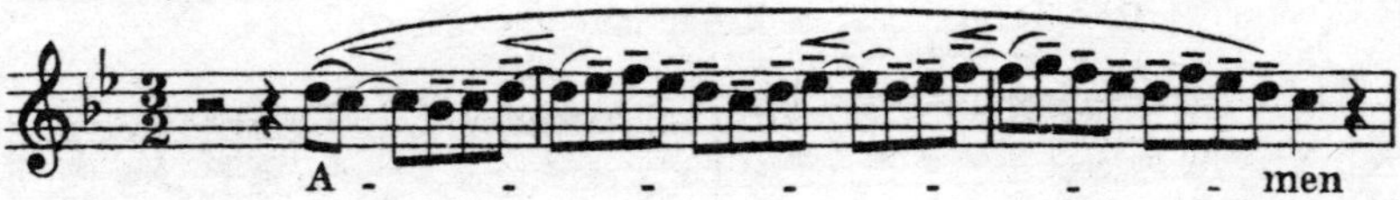

(Beethoven)

Aber auch ein gleichmäßiges nonlegato allein wird nicht genügen, um diese Bewegungen lebendig zu machen, sondern man wird eine Phrasierung ähnlich der Streicherphrasierung zu Hilfe nehmen müssen, indem man immer die ersten beiden Noten einer Gruppe vollkommen bindet und nur die anderen in der oben beschriebenen Weise absetzt, wie es in den vorangegangenen Notenbeispielen mit Phrasierungsbögen angedeutet ist. Auf übergebundenen Noten wird man stets eine Verstärkung der Spannung vollziehen und überhaupt darauf achten müssen, daß die gesamte Linie auf ihr Ende hin — d. h. auf die Stelle hin, wo der Text weitergeht — gesteigert und lebendig angetrieben wird.

Auch bei der für das 18. und 19. Jahrhundert typischen Phrasierung, bei der immer zwei Noten auf einer Silbe stehen, kann ein geringfügiges Aktivieren jeder Note in der beschriebenen Weise angewandt werden.

Dies alles gilt im übrigen nur für die instrumental empfundenen Chorkoloraturen, die schon bei Schütz gelegentlich vorkommen und für die Bach-Zeit typisch sind.

Bei rein vokal empfundener Chormusik müssen alle Vokalisen gebunden gesungen werden und „der Linie folgen". (Siehe die ausführlichen Darlegungen im Kapitel I des II. Bandes.)

(Lechner)

In der **neueren** Chormusik richtet sich die Behandlung der Chorvokalisen danach, ob jeweils ein vokal empfundener oder mehr instrumental behandelter Chorstil vorliegt.

Die Textbehandlung ist stets genau die gleiche wie in den Fällen, bei denen stets eine Silbe mit einer neuen Note zusammenfällt. Sie bedarf sogar noch einer besonderen Deutlichkeit der Wortakzente, um die Verständlichkeit zu ermöglichen. Ganz besonders dann, wenn in einem im ganzen mehr aufs Deklamatorische gerichteten Chorsatz mehrere Noten gewissermaßen als an eine Silbe angehängt erscheinen, müssen diese Noten ganz leicht und manchmal fast wie ein Nachhall behandelt werden, wodurch eine ganz besondere Schwerelosigkeit des Chorklanges erreicht wird.

$>$ = betont, — = halbbetont, ◡ = unbetont

10. Das Höhertransponieren von Chorstücken

Die Gründe dafür, Chorsätze, die während des Studiums trotz aller Mühe herunterziehen, späterhin einen Halbton höher zu intonieren, wurden im Kapitel über Intonation (siehe S. 102) erörtert. Dieses Höhernehmen ist ja bei alter Chormusik durchaus gerechtfertigt, da die Stimmung zu den verschiedenen Zeiten verschieden war und man etwa bei Schütz annehmen kann, daß sie bis zu einer Terz höher gestanden hat, vor allem aber auch, weil unsere übertriebene Empfindsamkeit für die absolute Tonhöhe damals nicht bestand.

Und auch die Komponisten unserer Tage, die irgendwie auf der

Basis der Gemeinschaftsmusik stehen, werden gegen eine dem Werk zugute kommende Transposition nichts einzuwenden haben. Voraussetzung ist natürlich, daß das Transponieren nicht schon von vornherein an einem zu großen Tonumfang des Werkes scheitert.

11. Sicherheitsübungen

Wenn ein Chorsatz fertig erarbeitet ist, lasse man ihn nochmals „auf Rhythmus" singen, mache immer knappere Bewegungen und überlasse schließlich den Chor ganz sich selbst. Der Chor gewöhnt sich sehr rasch, und man hat dann, wenn er den Satz allein durchgeführt hat, eine Gewähr dafür, daß er „sitzt", allerdings erst dann, wenn es dem Chor gelungen ist, ihn in ganz deutlichem „inneren" Rhythmus, d.h. tonlich ganz locker und leise, ohne jedes „Angstcrescendo", durchzuführen.

Dies kann aber niemals erreicht werden, wenn der Chorleiter sich währenddem quasi zur Ruhe begibt; sondern nur, wenn er ganz konzentriert und unter strenger Überwachung aller Einsätze und sonstigen Schwierigkeiten mitdenkt und dadurch suggestiv — nur eben unter Weglassung der äußerlich sichtbaren Dirigierbewegungen — „führt".

[Späterer Zusatz: In der „Hohen Schule der Musik" (Athenaion-Verlag) hat Josef Müller-Blattau den Ausführungen meines Buches weitestgehende Anerkennung gezollt. Das hier als Sicherheitskontrolle geforderte „Auf-Rhythmus-Singen" nach beendetem Studium eines Werkes lehnt er jedoch ab. Ich kann demgegenüber betonen, daß dies Verfahren sich besonders bei rhythmisch komplizierter oder koloraturenreicher Musik (Bach) immer wieder sehr gut bewährt hat, weil durch Wegfall der Konsonanten, deren Bildung das gegenseitige Hören ungeheuer erschwert, der Chor sich in der besten Weise aufeinander einsingt und den Gesamtablauf des Werkes ins Bewußtsein bringt.]

12. Die Haupt- und Stellprobe

Da die Hauptprobe zugleich Stellprobe und akustische Probe ist und im gleichen Raum stattfinden muß wie die Aufführung, bedarf sie einer intensiven Vorbereitung insofern, als der Raum vor dem Erscheinen des Chores in jeder Beziehung für die Aufstellung des Chores hergerichtet sein muß.

Das Vorhandensein von genügend Platz ist Voraussetzung, eine Erhöhung, auf der der Dirigent steht, notwendig, Stufen, auf denen der Chor sich nach hinten erhöht, dringend zu empfehlen. Die Beleuchtung muß genau untersucht sein.

Ja sogar das Kontrollieren der Beleuchtung im Zuhörerraum ist von Wichtigkeit, damit nicht der Fall eintritt, daß der Chorleiter undeutlich sichtbar ist, weil sich etwa eine große Lampe hinter ihm befindet, die den Chor blendet. Vor allem aber sind die Orchestermitglieder sehr empfindlich auf ungenügende oder schlecht angebrachte Beleuchtung. (Siehe auch Kap. I, D des III. Bandes.)

Während der Stellprobe muß der Chorleiter dadurch, daß er zwischendurch aus allen Teilen des Raumes zuhört, die Raumakustik genau kennenlernen, da die endgültigen Zeitmaße und die jeder Akustik angemessenen Veränderungen der Singart genauestens festgelegt werden müssen. Ein gut erzogener Chor wird währenddem auch ohne Dirigieren weitersingen, andernfalls ist derweil ein Ersatzdirigent hinzustellen.

Überakustische Räume, in denen sich ein starker Nachhall bemerkbar macht, verlangen breitere Zeitmaße und ausgedehntere Pausen, in denen der Ton nachklingen kann, präziseste Aussprache mit besonders deutlichen Wortakzenten. „Trockene" Akustik, in der der Ton sich schwer und mühsam entfaltet, verlangt raschere Zeitmaße und besondere Beachtung der durch die Klinger zu erzielenden Bindungen.

Das allerwichtigste aber ist, daß der Chor sich genauestens gegenseitig hört, was im Bedarfsfalle durch eine verstärkt halbkreisförmige Aufstellung, in der die Stimmen aufeinander zu singen, erreicht werden kann.

Über die verschiedenen Aufstellungsmöglichkeiten wird im nächsten Kapitel noch die Rede sein.

Zum Schluß noch ein Wort über die landläufige Meinung, die Hauptprobe müsse schlecht ausfallen, um eine gute Aufführung zu gewährleisten. Diese Auffassung kann nur sehr bedingt für richtig gelten, nämlich nur, soweit sie sich auf ein gewisses Zurückhalten im Ausdruck bezieht.

Unpräzisionen, Temposchwankungen, Detonieren, schlechte Aussprache aber, all das sind Dinge, die bei ihrem Vorkommen in der letzten Probe eine ungenügende Vorbereitung beweisen und eine falsche Probendisposition. Wenn der Chorleiter sich, seiner Verantwortung bewußt, von vornherein nicht zu viel vorgenommen hat, dann muß die Hauptprobe zumindest technisch einwandfrei sein.

Dann wird die Aufführung selbst nicht eine Angsttour bedeuten und ein Forcieren der Kräfte, sondern ein aus gänzlichem Über-der-Sache-stehen gewachsenes, nur dem Kunstwerk und den ihm innewohnenden Ausdruckskräften hingegebenes Miterleben, — als selbstverständliches Ergebnis der unumgänglichen Forderung an eine zielbewußte und verantwortungsgetragene Probenarbeit.

13. Die Aufführung

Und nun zum Schluß noch einige beinahe überflüssige kleine Winke und Ratschläge für die Aufführung selbst.

Was das Auswendig-Dirigieren betrifft: Jeder Chorleiter sollte zwar stets die aufzuführenden Werke auswendig können, aber keinen Sport daraus machen, unbedingt ohne Noten dazustehen, was leicht als unnötige Zur-Schaustellung einer eigentlich selbstverständlichen Beherrschung des Stoffes wirkt.

Bei a-cappella-Werken sollte man das Tonangeben nie mit dem Instrument bewerkstelligen, da der gänzlich andersgeartete Klang des Instrumentes durchaus als Fremdkörper wirkt. Der Ton wird am besten möglichst leise vom Chorleiter selbst — natürlich in einer seinem eigenen Stimmumfang angemessenen Lage — oder aus dem Chor heraus angegeben, dann, nachdem er deutlich vernommen ist, vom ganzen Chor leise angesummt (siehe S. 126), wodurch der Chorleiter die Kontrolle hat, daß der Einsatz sicher ist, jeder Sänger jedoch die Gewißheit, daß die Stimme auch wirklich leicht ansprechen wird. Der Chorleiter hat das Ansummen durch lauschende, horchende, und zugleich fordernde Gesten zu unterstützen. Lieber tausendmal leise ansummen lassen — wenn es richtig geschieht, wird es niemals als störend empfunden, ja oft nicht einmal von den Zuhörern vernommen werden — als einmal um eines falschen Ehrgeizes willen einen ungenauen oder klanglich unschönen Einsatz erzielen! Und selbst wenn das Ansummen von den Zuhörern vernommen wird, dann wird die dadurch entstehende Vorbereitung der Tonart dankbar empfunden werden, weil das Überraschungsmoment beim Einsatz wegfällt und vom ersten Ton an eine Konzentration des Hörers auf das Werk möglich ist. Gibt es etwas Peinlicheres für alle, als wenn in der Aufführung abgeklopft werden muß, weil der Chor den Ton nicht richtig erfaßt hatte, was sogar bei namhaften Chören schon vorgekommen ist. Am besten gewöhne man den Chor daran, vom Grundton, der angegeben wird, die Intervalle selbst zu finden. Eine Erziehungsarbeit, die erheblich zum eigenen Mitdenken des Chores und zur Steigerung seines Verantwortungsgefühls beiträgt.

Es ergeben sich jedoch gelegentlich Probleme, die hier einer Besprechung bedürfen. Eine besondere Schwierigkeit liegt nicht vor, wenn ein Werk mit einem Dreiklang in der Grundstellung beginnt, (Kapitel II C 6 b, S. 44), wie es ja meistens der Fall ist.

Aber schon bei einstimmig beginnenden Werken (Kapitel II C 6 c und e, S. 45 u. 47) wird es sich empfehlen, durch leises Vorsingen des Anfangsmotivs die Tonalität festzulegen, aber natürlich nur den Anfangston gemeinsam summen zu lassen.

Beginnt ein Chorstück einstimmig mit dem Dominantton (II C 6 a und d, S. 43 u. 46), so muß dies unter allen Umständen geschehen, sofern man nicht Gefahr laufen will, daß der Dominantton als Grundton aufgefaßt wird und danach ein unsicherer oder gar falscher Einsatz erfolgt. Gemeinsam angesummt darf aber auch hier lediglich der Anfangston werden.

Beginnt ein Chorstück polyphon mit nacheinander einsetzenden Stimmen (Kap. II C 7, S. 53), so wird man getrost gemeinsam ansummen lassen können, wenn, wie in dem vorliegenden Falle, bis zum Einsatz der letzten Stimme der gleiche Klang bestehen bleibt.

Dasselbe Verfahren kann auch bei einem Beginn wie im Beispiel II C 8 a, S. 56 angewandt werden, obwohl beim Einsatz der Mittelstimme eine neue harmonische Funktion erreicht wird.

Dissonante Anfänge wie im Beispiel II C 8 b S. 57 können ebenfalls gemeinsam angesummt werden, sofern der dissonante Klang 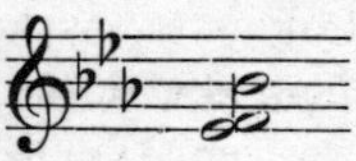 tatsächlich auch gemeinsam erklingt. Ein Einsatz hingegen wie der folgende

darf keinesfalls gemeinsam angesummt werden, da das e der Oberstimme auf das f der Unterstimme eine Art magnetische Kraft ausüben würde und umgekehrt. Hier lasse man a und f ansummen, singe daraufhin ganz leise der Oberstimme ihr e vor und beginne dann sofort.

Auch im Beispiel II C 9 b S. 63 liegt ein Sonderfall vor. Es genügt hier nicht, d und a ansummen zu lassen, sondern man singe nach dem Ansummen zur Sicherheit ganz leise die ersten drei Töne der Oberstimme und die ersten vier der Unterstimme vor und lasse dann nochmals gemeinsam d und a ansummen.

Daß man in der Aufführung ebenso wie in den Proben nie bei sich selbst die kleinste Nervosität aufkommen lassen sollte, die ja meistens der Ausdruck schlechten Gewissens wegen mangelnder Vorbereitung ist, versteht sich; aber wenn sie sich doch einmal einstellen sollte, ist es eine Sache der Selbstdisziplin, sie nicht sichtbar und fühlbar werden zu lassen. Nie darf der Chorleiter stampfen oder durch sonstige Unarten Zeichen der Ungeduld von sich geben, selbst dann, wenn einmal etwas nicht ganz so gerät, wie es sein sollte. Da ja bekanntlich der Chorleiter, wenn er ehrlich ist, irgendwie stets die Schuld an allen Mängeln auf sich nehmen muß, so wird er mit solchen Äußerungen nur seinen allerdings berechtigten Ärger über sich selbst zeigen, ohne an der Sache auch nur das geringste zu bessern. Wie sollte ein Chor die Ruhe bewahren und freudig und ausdrucksvoll singen, wenn der Chorleiter ihm nicht Beispiel und Vorbild ist? Daß dasselbe auch für die Behandlung der Solisten gilt, sei nebenbei bemerkt.

Naturgemäß muß der Chorleiter in der Aufführung stets führen und gestalten, nie aber darf er den gewaltsamen Despoten spielen. Eher sollte er einmal dem Chor im Zeitmaß um ein weniges nachgeben — Artur Nikisch war darin auf dem Gebiet des Orchesterdirigierens ein leuchtendes Vorbild! —, als krampfhaft forcieren. Und wenn einmal irgend etwas nicht ganz gelingt, so wird der Chorleiter helfend eingreifen müssen. Jede Aufregung wird in diesem Falle nicht nur nichts bessern, sondern die allgemeine Nervosität unter Umständen so stark anwachsen lassen, daß weitere Fehler daraus erstehen, die durch innere Ruhe und Überlegenheit zu vermeiden gewesen wären. Ob ein Versager aber auf ungenügende Probenarbeit des Chorleiters, auf mangelnde Erziehungsarbeit am Chor oder auf fehlende Ruhe in der Aufführung zurückzuführen ist, — immer hat der Chorleiter sich selbst die Schuld zu geben, und immer wieder bewahrheitet sich der diesem Buche als Motto vorangestellte Satz: „Es gibt keine schlechten Chöre, — es gibt nur schlechte Chorleiter!“

VIII. Kapitel

Die Aufstellungsmöglichkeiten des Chores

1. Beim a-cappella-Chor

Die allgemein üblichen Aufstellungsformen des a-cappella-Chores, die immer da, wo der Chorraum sich nach hinten stufenweise erhöht, Anwendung finden können, sind folgende (beim Männerchor vertritt der 1. Tenor den Sopran, der 2. Tenor den Alt, der 1. Baß den Tenor, der 2. Baß den Baß; beim Frauenchor vertritt der 1. Sopran den Sopran, der 2. Sopran den Alt, der 1. Alt den Tenor, der 2. Alt den Baß).

Fig. 22. 1. Vierstimmig

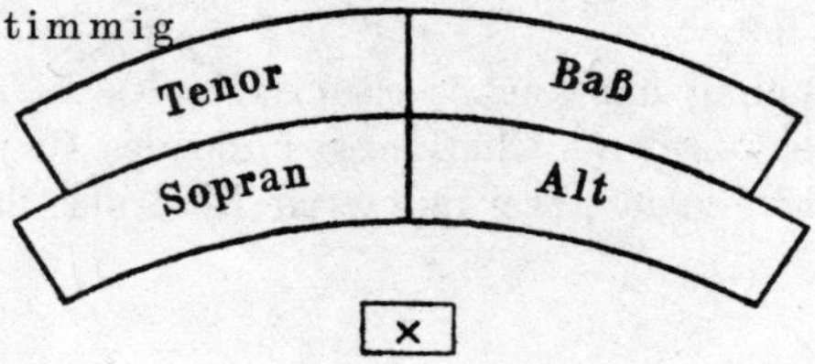

Fig. 23. 2. Sechsstimmig

a)

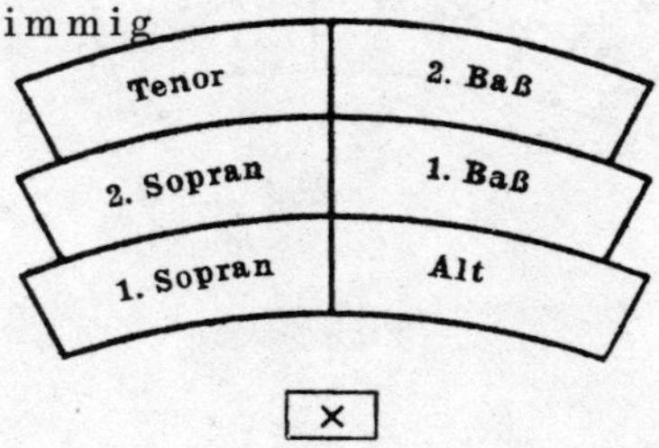

Fig. 24. b)

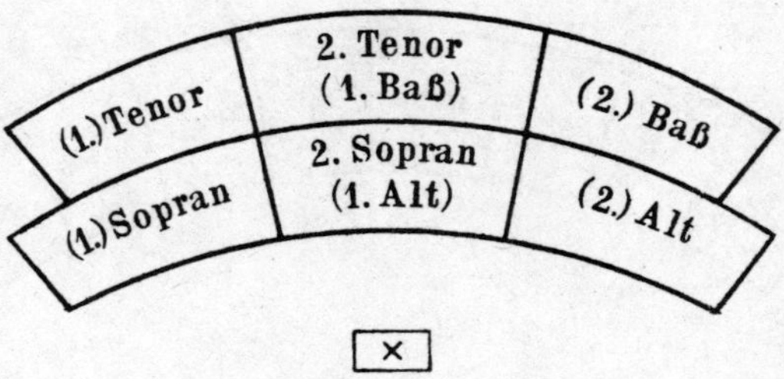

Fig. 25. 3. Doppelchörig

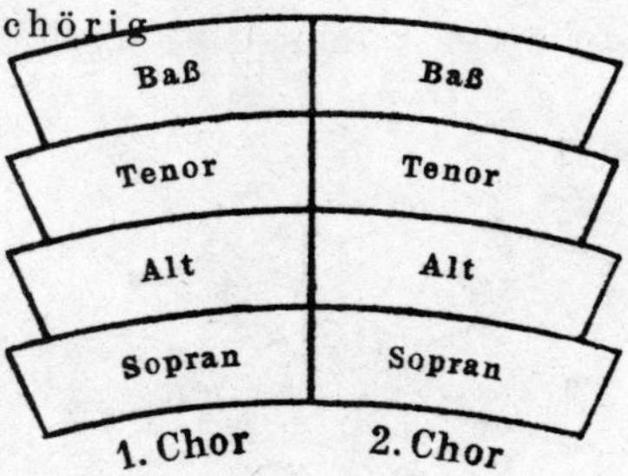

Daneben findet eine zweite, *strahlenförmige* Aufstellung Anwendung, die vor allem beim Funksingen gern gesehen wird, eine Aufstellung, bei der von jeder Stimme jeweils einer oder einige *vorn* stehen müssen, um alle Stimmen in gleicher Entfernung vom Mikrophon zu haben.

Diese Aufstellung hat auch *außerhalb* des Funks viel für sich wegen des geschlosseneren Chorklanges und des Umstandes, daß die Singenden selber einen abgerundeteren Eindruck ihres Klanges erhalten.

Fig. 26. Vierstimmig

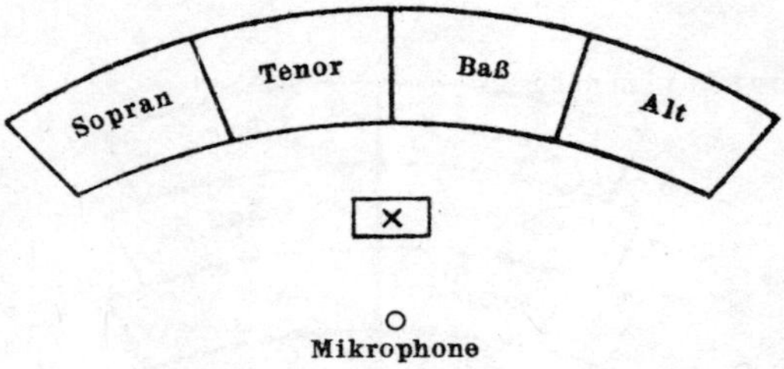

Fig. 27. Doppelchörig

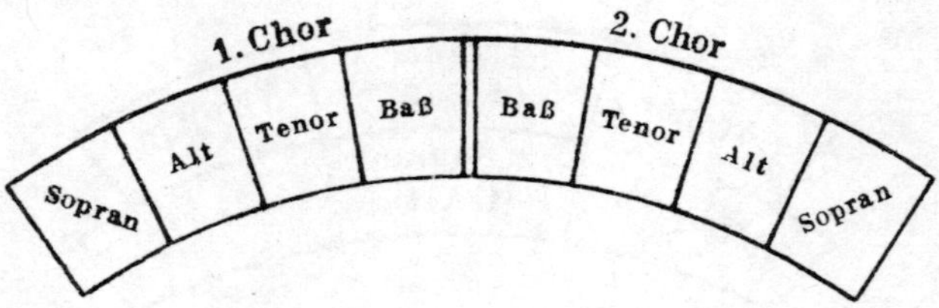

Und eine dritte Aufstellungsmöglichkeit, die sich bestens bewährt hat und bei den Chorsängern sehr beliebt ist, weil sie die Vorteile der beiden ersten Aufstellungen vereinigt, ist die folgende:

Fig. 28. Vierstimmig

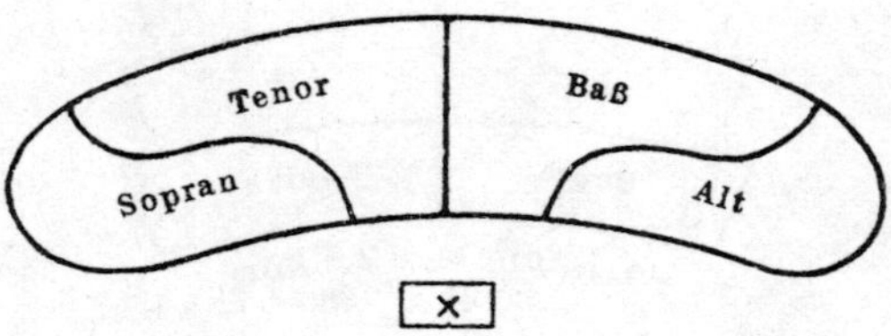

Fig. 29. Sechsstimmig

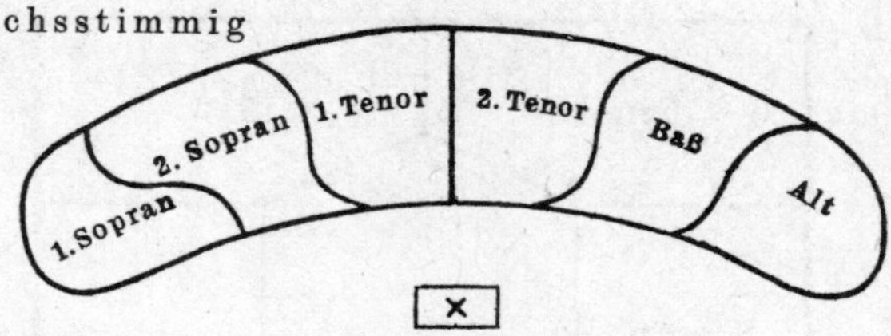

Fig. 30. Doppelchörig

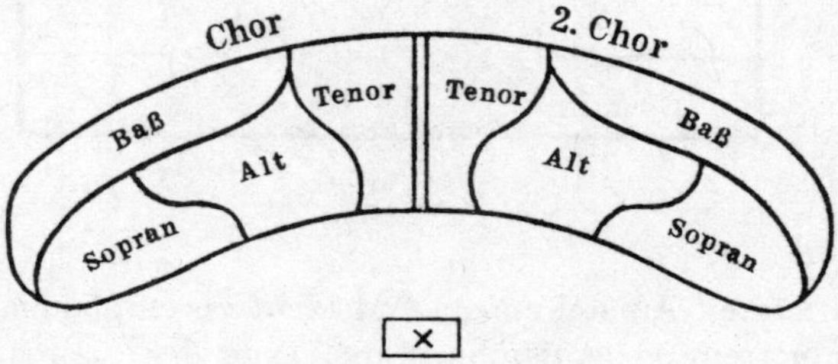

Welche der Aufstellungsarten man auch wählt, eine halbkreisförmige Anordnung — ein ganzer Kreis mit dem Leiter im Kreise oder in seinem Mittelpunkt ist nur beim geselligen Singen ohne Zuhörer zu empfehlen — ist der viereckigen auf alle Fälle wegen des besseren Sich-gegenseitig-hörens vorzuziehen.

2. Bei Chor und Orchester

Von den verschiedenen Möglichkeiten der Aufstellung des Chores mit Orchester dürfte die gebräuchlichste und wohl auch angenehmste die folgende sein.

Fig. 31

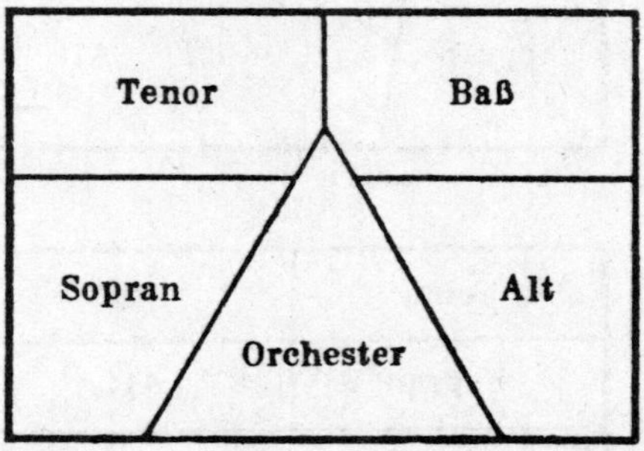

Aber auch andere Aufstellungen werden angewandt, die folgende vor allem bei Werken, in denen das Orchester besondere Bedeutung hat, wie etwa bei der 9. Sinfonie von Beethoven.

Fig. 32

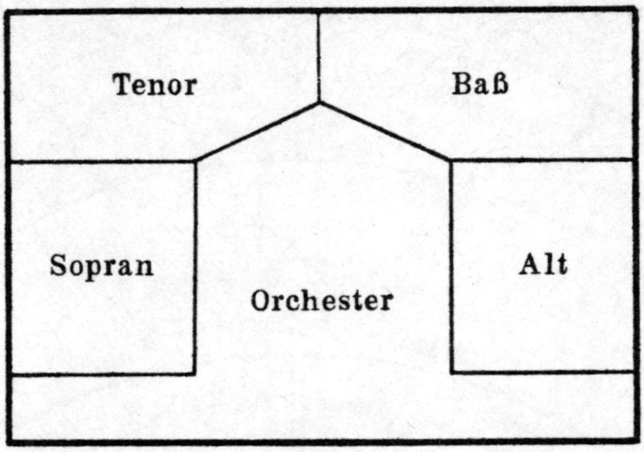

Die drei letzten Aufstellungen sind nicht zu empfehlen, die dritte wegen der getrennten Aufstellung der Teile des Chores, die vierte wegen der zu weiten Entfernung des Chores, die fünfte wegen der mangelnden Führung mit dem Orchester. (Siehe auch Kapitel I, D des III. Bandes.)

Fig. 33 (ungünstig!)

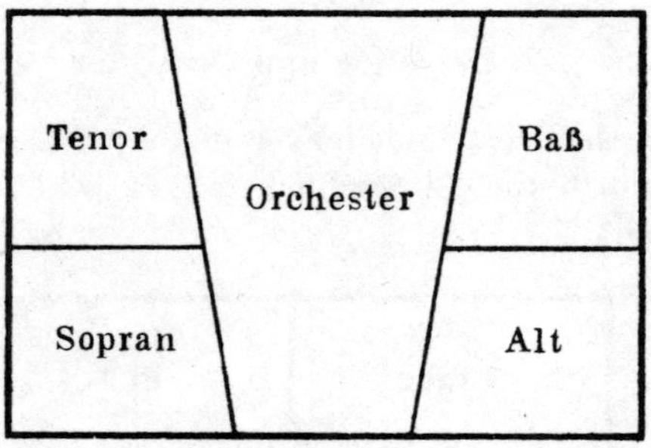

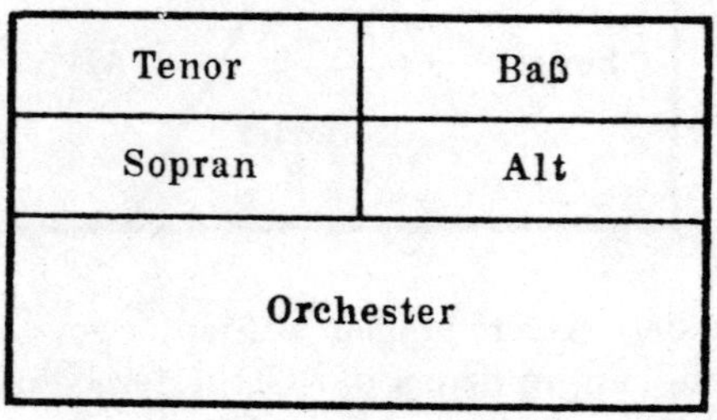

Orchester	
Tenor	Baß
Sopran	Alt

Zu all diesen Möglichkeiten lassen sich noch zahlreiche durch Raum und Gelegenheit bedingte Varianten anbringen; doppelchörige Werke, cantus-firmus- und Echo-Stücke können durch sinnvoll abgewandelte Aufstellung in ihrer Wirkung ganz wesentlich verstärkt werden.

3. „Äußerlichkeiten"

Die Gesamtheit des Chores muß ein abgerundetes Bild ergeben, — durchaus gleichmäßig verteilt und symmetrisch angeordnet muß der Chor aufgestellt sein.

Und auch in der Kleidungsfrage muß als oberstes Prinzip gelten, daß die Aufmerksamkeit der Hörer durch keinerlei Äußerlichkeiten von der Hauptsache, dem Werk, abgelenkt wird.

Daß die Männer dunkel gekleidet sind, ist allgemein üblich, aber das Durcheinander der buntesten Kleider bei den Frauenstimmen kann zu abscheulichen Farbenzusammenstellungen führen, die dem feiner Empfindenden geradezu körperlich wehtun können.

Es empfiehlt sich, daß alle Frauen schwarz oder doch zum mindesten ganz dunkel gekleidet sind, um dadurch auch äußerlich eine Einheit und Gemeinsamkeit des Chores zu erzielen. Auch durchweg weiße Kleider sind in manchen Chören eingeführt, und es lassen sich damit, besonders bei Massenaufführungen, gute optische Wirkungen erzielen. Bei kleineren Chören aber ist dunkle Kleidung zweifellos die unauffälligste.

Darüber, daß im Chor vor, während und nach der Aufführung unbedingte Ruhe und Sammlung herrschen soll, daß jedes „Gewimmel" unwürdig ist, daß ein geschlossenes Hereinkommen und Abgehen des Chores durchaus keine leere Äußerlichkeit ist, daß das Aufstehen und Setzen bei großen Chorwerken unbedingt gemeinsam, geräuschlos und schnell vor sich gehen muß, braucht wohl kein Wort verloren zu werden. Denn das sind Dinge, die jeder Chorleiter weiß und über deren Durchführung er sorgsam wacht!

IX. Kapitel

Grundsätzliches über Chorliteratur und Programmgestaltung

Des I. Teiles dieses Kapitels enthebt mich der von Georg Schünemann zusammengestellte und herausgegebene „Führer durch die Chorliteratur", in dem in gründlicher Weise alles Material zusammengetragen wird.*)

Im übrigen sind die Verleger gerne bereit, auf Wunsch Ansichtssendungen zu schicken, wenn man den Schwierigkeitsgrad, die Besetzung und den Zweck der benötigten Literatur angibt.

Das Gebiet der Programmgestaltung ist eine der heikelsten Fragen, über die schwerlich Übereinstimmung der Gemüter zu erzielen ist. Viel ist schon darüber gesagt und geschrieben worden, ohne daß die Probleme auch nur annähernd eindeutig und umfassend geklärt werden konnten.

Zuvor muß gesagt werden, daß schon allein die Notwendigkeit der Behandlung dieser Frage einen gewissen Mangel an Kultur voraussetzt. Ein Programm mit nebeneinandergesetzten Werken verschiedenster Art, verschiedensten Inhaltes, die nichts miteinander zu tun haben, ist im Grunde genommen fraglos ein Mangel an Kultur, genau wie die Nebeneinanderstellung verschiedenartigster Kunstwerke in den Museen.

Man lese Kakuzo Okakura: „Das Buch vom Tee" (Insel-Verlag), um zu erfahren, wie die Chinesen ein Kunstwerk zum Mittelpunkt eines Raumes machten, das durch kein anderes in seiner Wirkung beeinträchtigt werden durfte. Nach einiger Zeit wurde statt des einen ein anderes Kunstwerk aufgestellt, in das man sich dann wieder restlos und ungestört versenken konnte.

Auch jedes Musikwerk hat sein Eigenleben, besteht für sich allein und verträgt keine Nachbarschaft, oder aber es gehört in einen bestimmten Zusammenhang, — an eine bestimmte Stelle des Gottesdienstes, in die freie Natur oder einen geselligen Rahmen. Alle Musik vor dem 18. Jahrhundert ist im besten und schönsten Sinne „Gebrauchsmusik", und die Musik der Jungen, die heute entsteht, ist es in vielen Fällen auch.

Die Musik aber, die seit der Entwicklung des Gesellschaftskonzertes entstanden ist, also in der Gewißheit ihres Schöpfers, daß sie im Kon-

*) 1953 neu und umfassend: Erich Valentin „Handbuch der Chormusik" (Bosse, Regensburg).

zert mit all seinem Drum und Dran an äußerem Erfolg oder Mißerfolg, mit all seinen Ablenkungen vom wirklichen Wesen der Musik, erklingen würde, gehört in „Programme“. Aber diese Zeit hat wenig Wertvolles gerade an unbegleiteter Chormusik hervorgebracht.

Die Frage nach der Programmgestaltung ist im voraus gelöst, wenn man die Möglichkeit hat, ein „abendfüllendes“ Chorwerk aufzuführen. Es bestehen aber nur wenige abendfüllende a-cappella-Werke, selbst wenn man eine knappe Stunde für ausreichend hält, darunter Passionen alter Meister (Schütz, Lechner u. a.), sowie auch einige neue a-cappella-Werke (Distler: Choralpassion, Weihnachtsgeschichte; Thomas: Markuspassion, Weihnachtsoratorium; Pepping: Passionsbericht), die man für sich allein und ohne Eingliederung in einen Gottesdienst hinstellen kann.

All die kleineren und kleinsten Chorsätze aber gehören in einen geistigen Zusammenhang, und die starken Bestrebungen, die geistliche Musik wieder ganz in den Gottesdienst, in Abendvespern oder ähnliche Zusammenhänge zu stellen — die Motetten der Thomaner und die Vespern des Kreuzchores sind die wenigen Institutionen dieser Art, die sich auch über die Jahrhunderte hinweg gehalten haben, und wo heute wieder angeknüpft werden konnte —, die Bestrebung, die hörende Gemeinde singend aktiv einzubeziehen, der Gedanke der „offenen Singstunde“, der Choral- oder Volkslied-Singstunde, alles das sind Strömungen, die noch zu keinem Abschluß geführt haben, die aber die tiefe Sehnsucht nach einer wirklich wieder volksverbundenen Musikausübung beweisen. Die Programme der „Kasseler Musiktage“ bieten dazu einen wesentlichen Beitrag.

Wir müssen uns aber im klaren darüber sein, daß das Konzertwesen noch nicht verdrängt ist, und es ist nicht anzunehmen, daß es verschwinden wird; dazu ist die Freude eines großen Teiles des Volkes am bloßen Zuhören zu groß; und was sich einmal so stark eingebürgert hat wie das „Konzert“, das wird auch in irgendeiner Form, vielleicht und hoffentlich durch Gegenströmungen gereinigt und reformiert, weiterleben.

Wie sollen aber nun die Programme dieser Konzerte oder Abendmusiken gestaltet werden?

Die Dauer einer Choraufführung sollte, besonders bei Abendmusiken in Kirchen, nicht über eineinhalb Stunde betragen, es sei denn, daß ein großes Werk allein diese Dauer überschreitet. Es ist schlimm, wenn der Zuhörer mit dem Gefühl der Übersättigung und Ermüdung heimgeht; es ist gut, wenn in ihm das Verlangen wach bleibt, mehr zu hören. Die Motetten der Thomaner, die Vespern des Kreuzchores und ähnliche Institutionen dauern eine halbe bis dreiviertel Stunde; das ist gerade genug, um die Werke auch wirklich aufnehmen und verarbeiten zu können.

Zwar ist es neuerdings in dieser Beziehung vielerorts besser geworden, aber was man noch in jüngster Vergangenheit erleben konnte, übersteigt alle Vorstellungen nicht nur in bezug auf die Länge (bis zu zweieinhalb oder gar drei Stunden!), sondern vor allem in bezug auf Geschmacklosigkeit der Zusammenstellung.

Nach welchen einheitlichen Gesichtspunkten lassen sich Programme überhaupt aufstellen? Entweder nach Stilepochen — sogenannte Stilprogramme —, oder nach Inhalten, was bei geistlichen Abendmusiken am leichtesten zu bewerkstelligen ist, oder nach irgendeiner inneren geistigen Zusammengehörigkeit der Werke, worüber am wenigsten Einigung der Meinungen zu erzielen ist, da hier der persönliche Geschmack die Hauptrolle spielt.

Stilprogramme haben manches für sich, da sie unter allen Umständen eine gewisse Einheitlichkeit gewährleisten, — aber leicht geraten sie ins Fahrwasser trockener Musikwissenschaftlichkeit und haben nur für den Fachmann Interesse. „L'art pour l'art", das ist gerade das, was wir unter allen Umständen vermeiden müssen, wenn die Musik wieder „volksverbunden" werden soll.

Nur wenige Komponisten finden sich, deren Werke so vielgestaltig in Form und Inhalt sind, daß man, ohne den Hörer zu ermüden, einen ganzen Abend mit ihnen ausfüllen kann: Praetorius, Schütz, Lechner, Bach und Händel sind Namen, die da zu nennen wären. Programme, die Werke verschiedener Meister einer bestimmten Epoche der Musikgeschichte zusammenfassen, müssen sehr klug ausgewählt und angeordnet sein, und auch die Inhalte der Werke sollen nach Möglichkeit auf einen bestimmten Nenner gebracht werden.

Am einleuchtendsten wirken immer wieder rein nach Inhalten angeordnete Programme. Kirchliche sowohl wie weltliche Feste bieten hierzu hinreichend Gelegenheit. Hierbei muß aber wieder der Gesichtspunkt beachtet werden, daß die Werke entweder aus gemeinsamen Stilepochen — was ein sowohl nach Stil wie nach Inhalt zusammenpassendes Programm ergibt —, oder aber nach innerlich zusammenpassenden Stilen angeordnet werden. Die alte und die auf dem Boden der alten Musik wurzelnde ganz junge Musik läßt sich oft zusammenbringen, selten aber finden sich Werke des 17. und 19. oder auch des 19. und 20. Jahrhunderts wirklich zusammen.

Das schlimmste und kulturloseste aber sind bunte Nebeneinanderstellungen gänzlich unzusammengehöriger Werke. Was man da heute noch erleben kann, in einer durch Singbewegung und Wiedererweckung des alten Volksliedes hindurchgegangenen Zeit, sollte man nicht glauben.

An der Spitze steht ja das bunte Durcheinander vieler Rundfunkprogramme, die den Programmen der Kurkonzerte in nichts nachstehen. Der Rundfunk soll vielen etwas bringen und muß hoffen, manchem etwas zu bringen. Die allgemeine Unzufriedenheit der Hörer aller Schichten, von denen natürlich jeder nur das ihm selbst Angemessene hören will, beweist, daß dies auf Schwierigkeiten stößt. Immerhin hat ja aber der Rundfunkhörer die Möglichkeit, sich das ihm Angemessene herauszusuchen und im übrigen seinen Apparat abzustellen. Da der Hörer diese Möglichkeit im Konzert nicht hat, muß das Konzertprogramm in viel höherem Maße auf Einheit und kulturvolle Zusammenstellung bedacht sein.

Große Schwierigkeiten machen bei Chorprogrammen die ganz kleinen Chorsätze, die, sinnlos zusammengestellt und nacheinander heruntergesungen, ermüdend wirken und sich gegenseitig ertöten. Besondere Beachtung verlangt dabei das Tonartenverhältnis. Allzu fremde Tonarten gegeneinandergesetzt, machen Schwierigkeiten im Anstimmen und für die Intonation und zerstören auch die Einheit. Dagegen wirkt ein Gleichbleiben der Tonart durch mehrere Sätze hindurch leicht ermüdend und die Tonart „singt sich ab". Einen brauchbaren Mittelweg zu finden ist hier die Aufgabe.

Man müßte ferner versuchen, mehrere kleinere Sätze zu einer in sich zusammengehörigen Gruppe zusammenzufassen, was am leichtesten bei choral- oder liedgebundenen Sätzen möglich ist, deren man mehrere zu den verschiedenen Versen des Liedes zusammenstellen kann, vielleicht mit instrumentalen Sätzen oder Gemeindegesang sinnvoll verbunden. Gerade bei Praetorius findet man eine Fülle der Möglichkeiten, Bicinium, Tricinium, vier- und fünfstimmige Sätze des gleichen Liedes zusammenzustellen und in ihrer Wirkung gegenseitig zu steigern. Vorher ein Orgelchoral etwa von Scheidt — das ergibt schon eine durchaus brauchbare Zusammenstellung.

Jedes Programm sollte wenigstens ein größeres Chorwerk enthalten, und dieses müßte dann am Schluß stehen, um gewissermaßen die Vielheit der kleinen Werke nachträglich zu einer Einheit zusammenzuschließen. Den Schluß einer Abendmusik, deren Hauptträger der Chor ist, bilde stets der Chor, nicht das Instrument.

Was überhaupt das Abwechseln zwischen Chor- und Instrumentalstücken betrifft, so kann — bei sinnvoller Zusammenstellung — diese Abwechslung sehr erfrischend und lebendig sein. Nur muß darauf geachtet werden, daß die Instrumentalwerke — besonders die Orgelwerke — die Chorstücke nicht erdrücken.

Welche Instrumente zwischen Chorwerken möglich sind, entscheidet der Stil der Chorwerke. Bei alter Musik müssen auch alte Instrumente verwandt werden. Klaviersoli z. B. wirken in dieser Verbindung fast stets unerträglich.

Zur Erläuterung des Gesagten folgen hier einige Programmzusammenstellungen, bei denen die „offene Singstunde" bewußt ausgelassen ist, da sie sich nicht auf Programme festlegen läßt und jeweils den Bedürfnissen entsprechend geformt werden muß. Auch die Verbindungen von offener Singstunde und Konzert, aus der heraus vielleicht einmal neue Formen des Musiklebens entstehen können, sind noch zu stark in der Entwicklung begriffen, als daß es ratsam schien, sie hier schon festzulegen.

Nach Inhalt und Stil geordnetes Programm. (Kurt-Thomas-Kantorei)

Alte deutsche Weihnachtsmusik

1. PASSACAGLIA d-moll .... Dietr. Buxtehude
2. VIER SÄTZE aus dem Weihnachtsliederbuch von Cornelius Freundt
   Helft mir Gott's Güte preisen — Sehr große Ding hat Gott getan
   — Wie schön singt uns der Engel Schar — Lobt Gott, ihr Christen
3. SOLOKANTATE: Also hat Gott die Welt geliebet ...... Dietr. Buxtehude
4. VIER ALTE WEIHNACHTSLIEDER
   Ich lag in tiefer Todesnacht .... Joh. Eccard
   Es ist ein Reis entsprungen .... Mich. Praetorius
   In natali Domini .... Mich. Praetorius
   Vom Himmel hoch.......................... Joh. Eccard
5. PARTITA: Gelobet seist du, Jesu Christ .... Georg Böhm
6. VIER „NEUE WEIHNACHTSLIEDLEIN 1587“..... Leonh. Schröter
   Allein Gott in der Höh sei Ehr — Ein Kind geborn zu Bethlehem
   — Joseph, lieber Joseph mein — In dulci jubilo

Nur nach Inhalt geordnetes Programm. (Berliner Funkchor)

DEUTSCHE CHORMUSIK

im Wechsel der Jahreszeiten

III. TOD UND SCHLAF

1. a) Abendständchen
   b) Darthulas Grabgesang } .... J. Brahms
2. Motette zur Totenfeier .... K. Thomas
3. a) Der Tod
   b) Hinunter ist der Sonnenschein
   c) Schönheit dieser Welt vergehet } .... Ad. Pfanner
4. Drei alte Abendlieder:
   Walt's Gott, mein Werk ich lasse .... H. Schütz
   Nun danket mit mir alle Gott .... F. Heugel
   Christ, der du bist der helle Tag .... H. Schein

STILPROGRAMM

(Madrigalkreis Leipziger Studenten)

Orgel: Präludium und Fuge e-moll . . . Dietrich Buxtehude
(geboren 1637 zu Helsingborg, gestorben 1707 zu Lübeck)

Chor: Geistliche Chormusik, 1648, I. Teil

(Zwölf Motetten zu fünf Stimmen) Heinrich Schütz
(geboren 1585 zu Köstritz gestorben 1672 zu Dresden)

1. Es wird das Szepter von Juda nicht entwendet werden

Anderer Teil

2. Er wird sein Kleid in Wein waschen
3. Es ist erschienen die heilsame Gnade Gottes
4. Verleih uns Frieden genädiglich

Anderer Teil

5. Gib unsern Fürsten und aller Obrigkeit Fried und gut Regiment

Orgel: Präludium und Fuge g-moll . . . Dietrich Buxtehude

Chor:

6. Unser keiner lebet ihm selber
7. Viel werden kommen von Morgen und von Abend
8. Sammlet zuvor das Unkraut und bindet es in Bündlein
9. Herr, auf dich traue ich

Orgel: Passacaglia d-moll . . . . Dietrich Buxtehude

Chor:

10. Die mit Tränen säen
11. So fahr ich hin zu Jesu Christ
12. Also hat Gott die Welt geliebt

Abendlied . . . . Heinrich Schütz
(aus: Psalmen Davids / deutsch durch Cornelium Beckern / mit vier Stimmen gestellet / 1661)

(KURT-THOMAS-KANTOREI)

Von Minne und Fröhlichkeit

I. MINNE

Sechs Liebeslieder aus dem 16./17. Jahrhundert

TH. MORLEY: Feuer, Feuer!
J. DOWLAND: Süßes Lieb
H. FINCK: Ach herzigs Herz
H. L. HASSLER: Ach weh des Leiden
J. H. SCHEIN: All wilden Tier
Wenn Philli ihre Liebesstrahl'

Hugo Distler: Fünf Minnelieder

Wohin stets meine Schritte fielen
Sommerliches Liebeslied
Laß, o laß die Stürme stieben
Schlafliedchen
Der Maien

II. FRÖHLICHKEIT

Kurt Thomas: Fünf Tierfabeln

Die Stufenleiter
Der Hirsch, der Hase und der Esel
Der Esel und die Dohle
Das Johanniswürmchen
Die Frösche

Sechs heitere Chorlieder aus dem 16./17. Jahrhundert

J. H. SCHEIN: Rundadinella
Ihr Brüder, lieben Brüder mein
ZANGIUS: Der Kölner Markt
E. WIDMANN: Mäuselied
L. SENFL: Das Geläut zu Speyer
ORL. DI LASSO: Das Echo

ABENDMUSIK

mit „gemischtem" Programm

---

1. Fünf Chorlieder von Hans L. Haßler (1564–1612)

   Feinslieb, du hast mich g'fangen
   Ach Schatz, ich sing und lache
   Mehr Lust und Freud
   Ach weh des Leiden
   Jungfrau, dein schön Gestalt

2. Trio für Flöte, Violine und Continuo
   von Joh. Seb. Bach (1685–1750)

3. Fünf Chorgesänge von Joh. Brahms (1833–1897)

   Der Falke
   Vineta
   Dein Herzlein mild
   Abendständchen
   Beherzigung

   oder besser: neue weltliche Chormusik

4. Sonate für Violine und Continuo
   von Georg Fr. Händel (1685–1759)

5. Sechs heitere Chorlieder des 16./17. Jahrhunderts

   Dan. Friederici: Cupido
   Joh. Herm. Schein: Rundadinella
   Joh. Stephani: Der Kuckuck
   Ant. Scandelli: Das Hennlein
   Jac. Gastoldi: An hellen Tagen
   Jac. Gastoldi: Amor im Nachen

Programm aus den „Kasseler Musiktagen“ (mit Einbeziehung der Gemeinde)

Erste Geistliche Abendmusik

„Nun bitten wir den Heiligen Geist“ . . . Johann Walther

für fünf Stimmen
Erste und vierte Strophe: Chor mit Instrumenten
Zweite und dritte Strophe: instrumental cantus firmus (Alt und Tenor im Kanon gesungen)

„Aus tiefer Not schrei ich zu Dir“ . . . . . . Kurt Thomas

Erste Strophe: a) Chor einstimmig
b) Gemeinde einstimmig
Zweite Strophe: zweistimm. Satz, gesungen von Frauen- u. Männerstimmen
Dritte Strophe: Orgelsatz (Uraufführung)
Vierte Strophe: vierstimmiger Satz für gemischten Chor
Fünfte Strophe: Gemeinde einstimmig

„Auf diesen Tag bedenken wir“ . . . . Hugo Distler

Erste Strophe: für Solostimme, Geige und Orgel
Zweite Strophe: a) Chor einstimmig
b) Gemeinde einstimmig
Dritte Strophe: zweistimmig, Gemeinde und Chor
Vierte und fünfte Strophe: für dreistimmigen Chor

„Auf meinen lieben Gott“ . . . . Ernst Pepping

Dreistimmiger Satz
Erste Strophe: für zweistimmigen Frauenchor (1. und 3. Stimme)
Zweite Strophe: für zweistimmigen Frauenchor (1. und 3. Stimme) mit Sopransolo (2. Stimme)
Dritte Strophe: für dreistimmigen gemischten Chor
Fünfstimmiger Satz
Vierte Strophe: für gemischten Chor

„Jesu, meine Freude“ . . . . Dietrich Buxtehude

Chorkantate für Sopran, Baß, zwei Geigen, dreistimm. Chor und Generalbaß

„Jauchzet dem Herrn alle Welt“ (Der 100. Psalm) . . . . Heinrich Schütz

für achtstimmigen Doppelchor

„Der Tag mit seinem Lichte“. . . Johann Georg Ebeling

für vierstimmigen Chor, zwei Geigen und Generalbaß
Erste Strophe: Chor und Instrumente
Zweite und dritte Strophe: Gemeinde (cantus firmus), Chor und Instrumente

Auswahl empfehlenswerter Werke zur Bildung und Weiterbildung des Chorleiters

Allgemeine Musiklehre
A. Halm, Einführung in die Musik (Deutsche Buchgemeinschaft)
P. Hindemith, Übungsbuch für elementare Musiktheorie, 1975 (Schott)
Lobe-Neumann, Katechismus der Musik, 1981 (Breitkopf & Härtel)
E. Wolf, Allgemeine Musiklehre, 1977 (Breitkopf & Härtel)

Ästhetik
G. Anschütz, Abriß der Musikästhetik, 1930 (Breitkopf & Härtel)
C. Dahlhaus, Musikästhetik (Gerig-Laaber)
A. Halm, Von Form und Sinn der Musik, 1978 (Breitkopf & Härtel)

Atem und Stimmbildung
F. Martienssen, Das bewußte Singen (Kahnt)

Chorerziehung
Chorerziehung und Neue Musik, hrg. M. Kluge, 1969 (Breitkopf & Härtel)
A. Limbach, Die Kunst reiner Intonation, 1981 (Breitkopf & Härtel)

Formenlehre
H. Leichtentritt, Musikalische Formenlehre, 1979 (Breitkopf & Härtel)

Gehörbildung
K.-W. Bühl, Materialien zur Hörschulung, 1978 (Breitkopf & Härtel)
M. Quistorp, Die Gehörbildung, 1970 (Breitkopf & Härtel)
M. Quistorp, Übungen zur Gehörbildung, Heft I–III, 1970 (Breitkopf & Härtel)

Harmonielehre
F. Bölsche, Übungen und Aufgaben zum Studium der Harmonielehre, 1979 (Breitkopf & Härtel)
E. Wolf, Harmonielehre, 1974 (Breitkopf & Härtel)

Instrumentenkunde
H. Kunitz, Instrumentenbrevier, 1975 (Breitkopf & Härtel)
K. Sachs, Handbuch der Musikinstrumentenkunde, 1933 (Breitkopf & Härtel)

Kontrapunkt
K. Jeppesen, Kontrapunkt, 1980 (Breitkopf & Härtel)
Lemacher-Schroeder, Lehrbuch des Kontrapunkts, 1950 (Schott)
A. Schönberg, Vorschule des Kontrapunkts, 1977 (Universal Edition)
E. Wolf, Die Lehre vom Kontrapunkt, 1976 (Breitkopf & Härtel)

Musikgeschichte und Aufführungspraxis
H. Riemann, Handbuch der Musikgeschichte (Breitkopf & Härtel)
A. Schering, Tabellen zur Musikgeschichte (Breitkopf & Härtel)
A. Schering, Geschichte der Musik in Beispielen, 1959 (Breitkopf & Härtel)

Namen- und Sachregister

Hinweis

Für den **Chorleiterunterricht** wie auch für das **Selbststudium** empfiehlt sich folgende zeitliche **Anordnung des Lehrstoffes** (Nr. 3 ist mit 4, Nr. 4 mit 5 vertauschbar, Nr. 7 kann gegebenenfalls nach 3 oder 5 eingeschoben werden).

1. Schlagtechnische **Grundschulung** in Bewegungsübungen (1. Bd. Kap. II, C, 1-7), daneben gleichzeitig außerdem Atem- und **Stimmbildung** (1. Bd. Kap. IV), sowie Durcharbeitung der Kapitel über chorische Aussprache (1. Bd. Kap. V) und Intonation (1. Bd. Kap. VI).
2. Durcharbeitung der **Beispiele** für die schlagtechnischen Grundprobleme (1. Bd. Kap. II, C, 5-10).
3. Erarbeitung von **Volksliedern** und **Kanons** (1. Bd. Kap. II, C, 6, k, sowie 2. Bd. Kap. I, B, 1).
4. Behandlung der **Rezitative** von Joh. Seb. Bach (2. Bd. Kap. II, C, 1-3), gleichzeitig Durcharbeitung der Kapitel „Der Chorleiter als Orchesterdirigent" (3. Bd. Kap. I) und „Gedanken über die Aufführungspraxis der Chorwerke von J. S. Bach" (3. Bd. Kap. V).
5. Einstudierung der **Literaturbeispiele** (2. Bd. Kap. I, B, 2) — die zugleich eine nach Schwierigkeit gestaffelte **Sammlung bester Chorsätze** aus den wichtigsten Epochen darstellt! – nach genauer Durcharbeitung des Kapitels über Probenarbeit (1. Bd. Kap. VII), des Kapitels über die Spannungsgesetze in der Musik (2. Bd. Kap. I, A) sowie der anderen allgemeineren Kapitel des 1. und 3. Bandes.
6. Behandlung der **Rezitative** Josef Haydns sowie Behandlung weiterer Begleitprobleme (2. Bd. Kap. II, C, 4 und 5).
7. **„Hohe Schule** der Schlagtechnik" (2. Bd. Kap. III).
8. Einstudierung größerer **Chorsätze** nach freier Wahl.

Bildtafeln

Tafel I

Bereitschaftsstellung vor rhythmisch-fixiertem Einsatz, von seitlich-vorn gesehen

Variante zu I
Bereitschaftsstellung vor rhythmisch-fixiertem Einsatz, von seitlich-vorn gesehen

Variante zu I
Handhaltung beim Ansummen, von seitlich-vorn gesehen

Tafel II

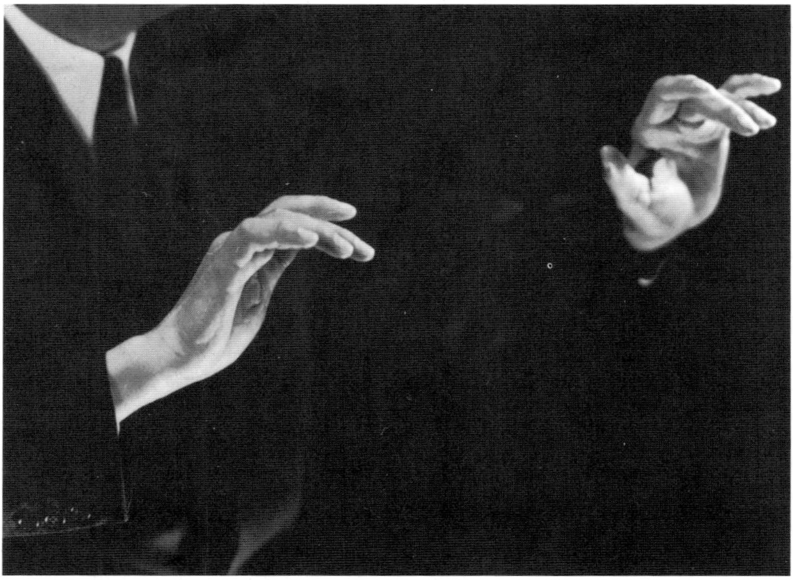

Bereitschaftsstellung vor ruhigem Einsatz, von seitlich-vorn gesehen

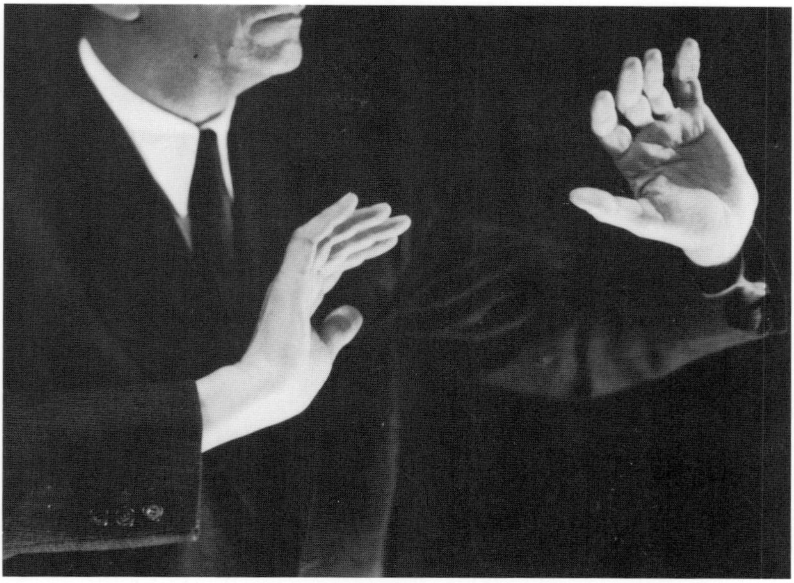

Bereitschaftsstellung vor sehr leisem Einsatz, von seitlich-vorn gesehen

Tafel IV

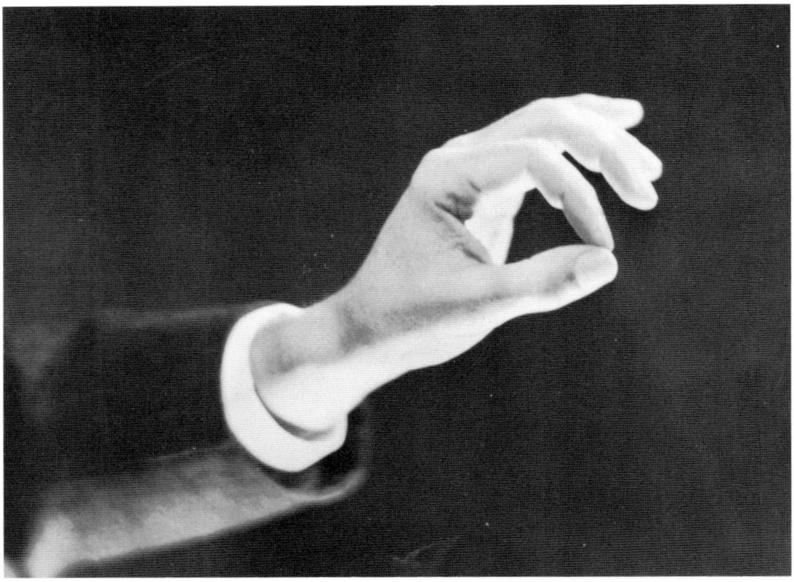

a) gut – Handstellungen für fixiertes Schlagen, seitlich gesehen

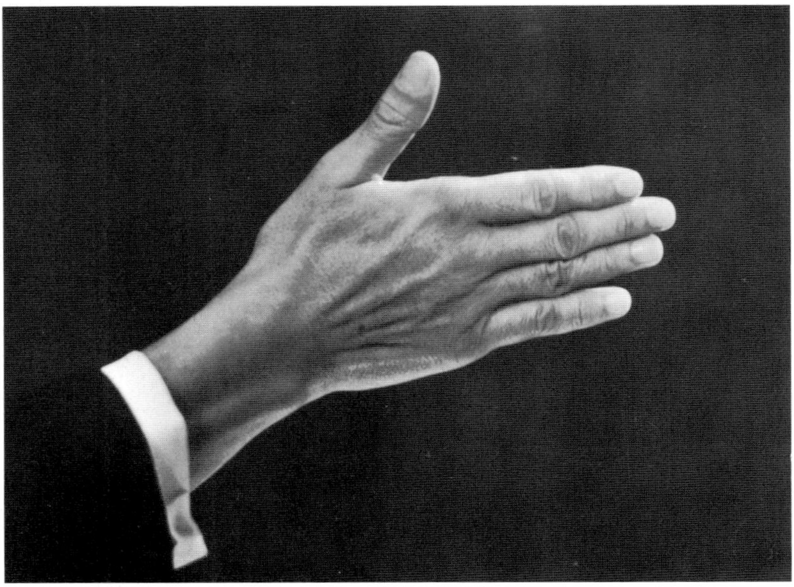

Variante zu a) gut

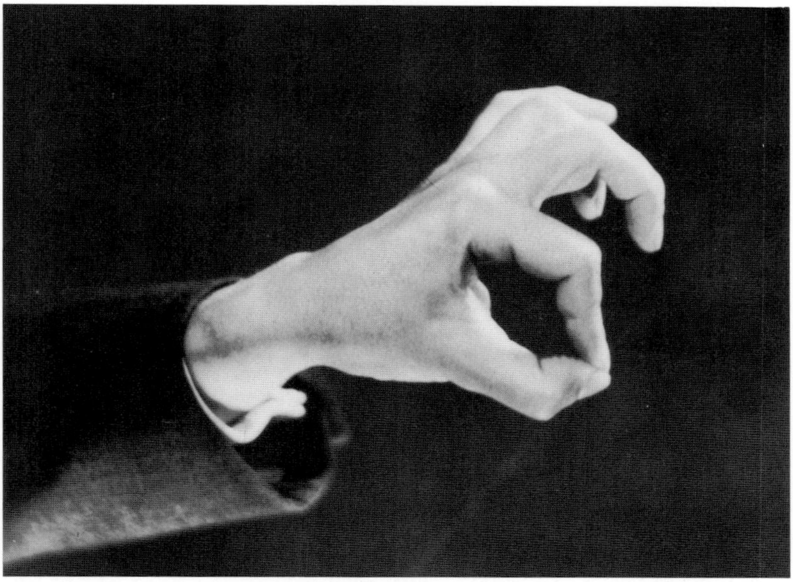

b) verkrampft, daher unbrauchbar

Variante zu b) gelegentlich möglich

Tafel V

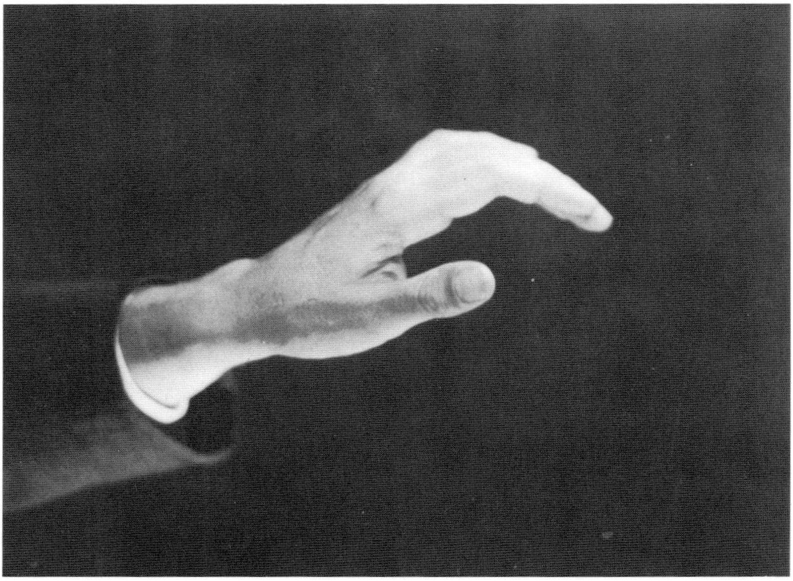

a) gut – Handstellung für weich-schwingendes Schlagen, seitlich gesehen

b) ungünstig, da wegen der eingezogenen Finger zu wenig beherrschend

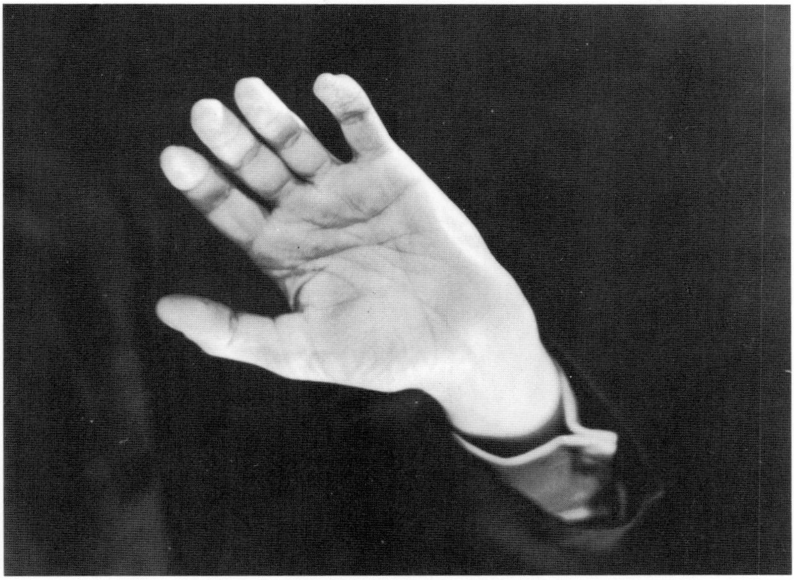

a) gut – Abdämpfende Handhaltung, von den Musizierenden gesehen

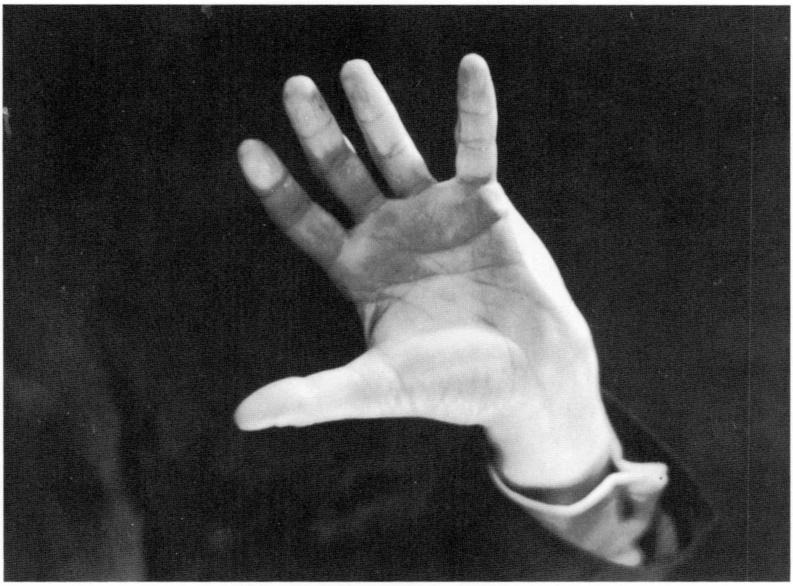

b) weniger günstig wegen der zu starr gespreizten Finger

Tafel VII

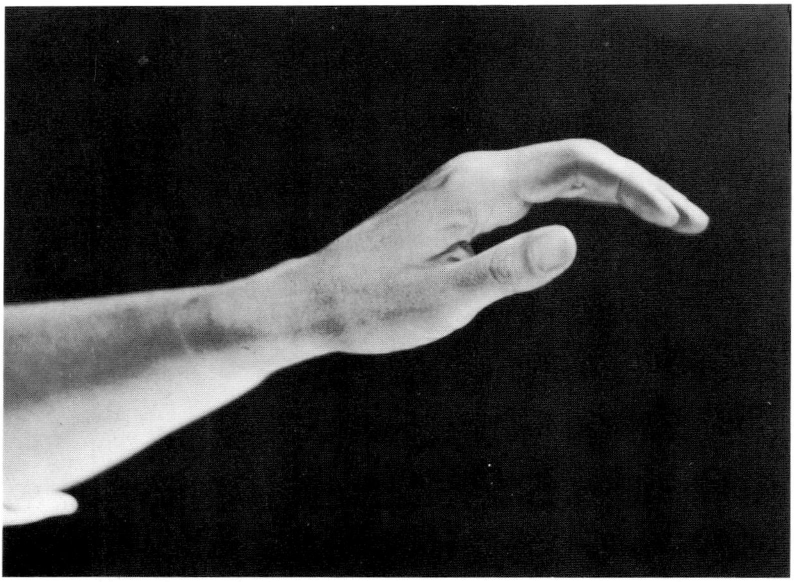

a) normal – Handgelenkshaltung, seitlich gesehen

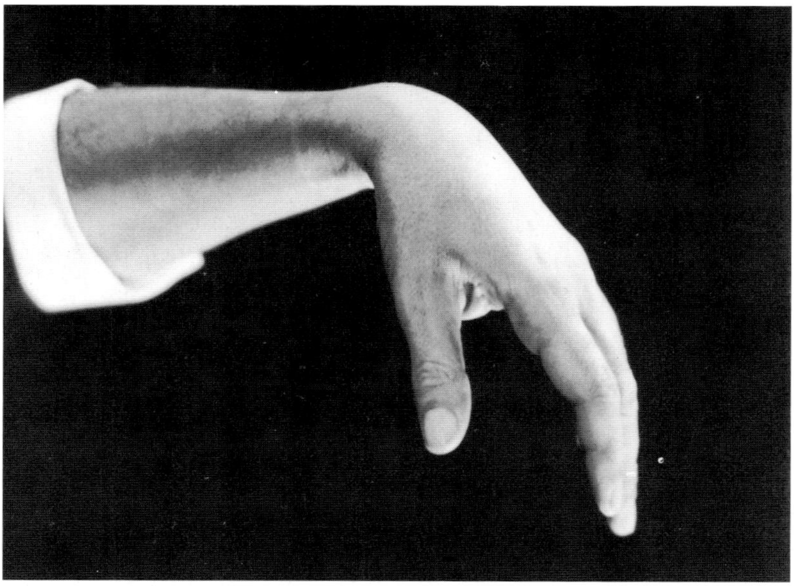

b) untere Stellung bei Handgelenksunterteilung – entspannt

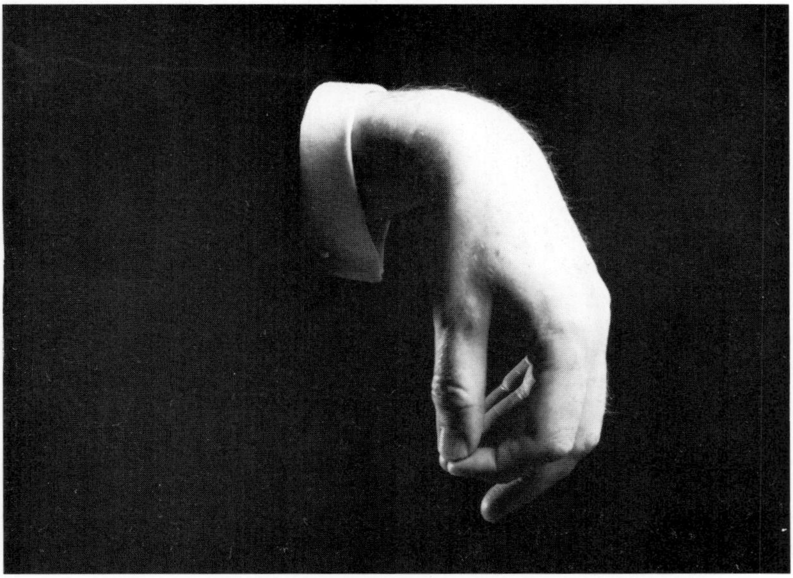

c) untere Stellung bei Handgelenksunterteilung – gespannt

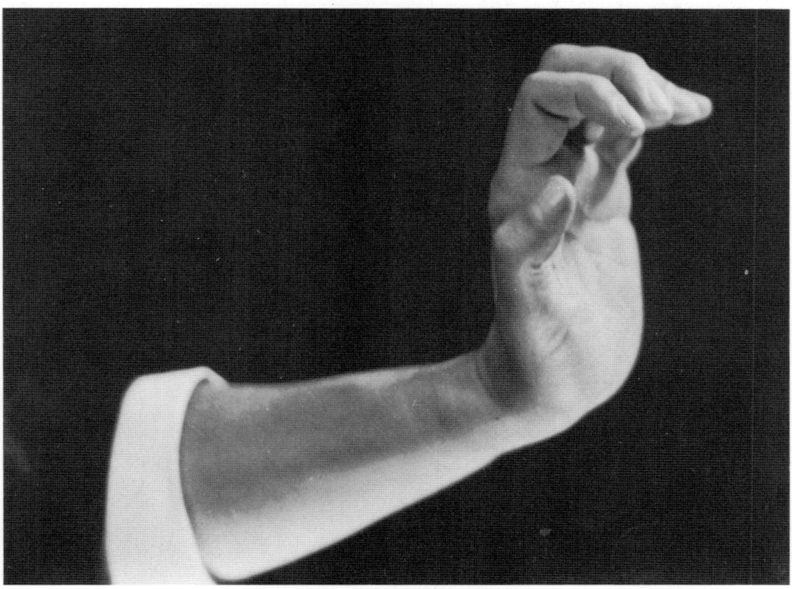

d) obere Stellung bei Handgelenksunterteilung

Tafel VIII

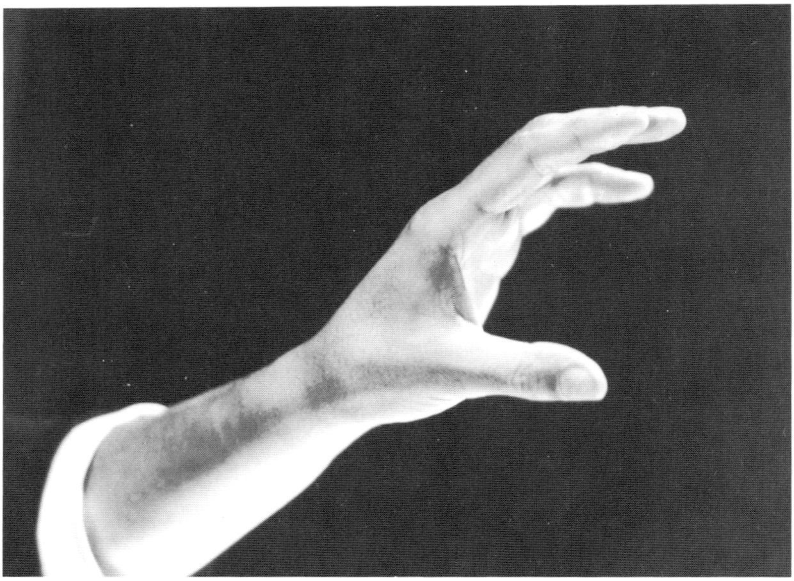

a) geöffnet – Fingerschlag, seitlich gesehen

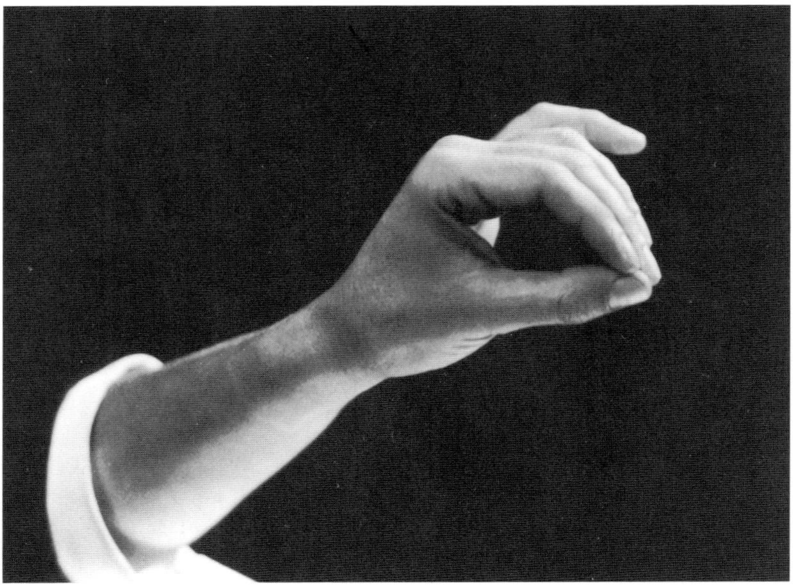

b) geschlossen